Mandarin Chinese
Picture Dictionary

Mandarin Chinese
Picture Dictionary

Berlitz Publishing/APA Publications GmbH & Co. Verlag KG
Singapore Branch, Singapore

How to use the Mandarin Chinese pronunciation guide in this book:

Below each Chinese word, we have included a phonetic transcription in Pinyin. (Pinyin is the standard transcription of Chinese that uses Roman letters.) You can read most of the Pinyin as if it were English, but the following letters have slightly different pronunciations:

q = ch   e = uh
x = sh   ui = way
z = dz   ü = eu

Pinyin also includes four tonal markers to indicate pitch and help you pronounce the words accurately. They are:

ē: flat pitch, slightly higher than regular speech
é: rising pitch, like a question
ě: falling, then rising pitch
è: falling pitch

Contacting the Editors
Every effort has been made to provide accurate information in this publication, but changes are inevitable. The publisher cannot be responsible for any resulting loss, inconvenience or injury. We would appreciate it if readers would call our attention to any errors or outdated information by contacting Apa Publications, 7030, Ang Mo Kio Avenue 5, #08-65, Northstar @ AMK, Singapore 569880.
Fax: (65) 6570 1050, Email: apasin@singnet.com.sg

Cover illustration by Chris L. Demarest
Interior illustrations by Chris L. Demarest (pages 3, 5, 7-9, 12-23, 26-43, 46-51, 54-67, 70-75, 78-85, 88-107, and 110-119)
Anna DiVito (pages 24, 25, 52, 53, 76, 77, 86, 87, and 120-123)
Claude Martinot (pages 10, 11, 44, 45, 68, 69, 108, and 109)

Printed in China by CTPS, August 2010

Dear Parents,

The Berlitz Kids™ *Picture Dictionary* will create hours of fun and productive learning for you and your child. Children love sharing books with adults, and reading together is a natural way for your child to develop second-language skills in an enjoyable and entertaining way.

In 1878, Professor Maximilian Berlitz had a revolutionary idea about making language learning accessible and fun. These same principles are still successfully at work today. Now, more than a century later, people all over the world recognize and appreciate his innovative approach. Berlitz Kids™ combines the time-honored traditions of Professor Berlitz with current research to create superior products that truly help children learn foreign languages.

Berlitz Kids™ materials let your child gain access to a second language in a positive way. The content and vocabulary in this book have been carefully chosen by language experts to provide basic words and phrases that form the foundation of a core vocabulary. In addition, the book will delight your child, since each word is used in an amusing sentence in both languages, and then illustrated in an engaging style. The pictures are a great way to capture your child's attention!

You will notice that most words are listed as separate entries. Every so often, though, there is a special page that shows words grouped together by theme. For example, if your child is especially interested in animals, he or she will find a special Animals page with lots of words and pictures grouped there—in both English and the foreign language. In addition, to help your child with phrases used in basic conversation, you and your child may want to look at the back of the book, where phrases about such things as meeting new people and a family dinner can be found.

The Berlitz Kids™ *Picture Dictionary* has an easy-to-use index at the back of the book. This index lists the English words in alphabetical order and gives the page number where the word appears in the main part of the book.

We hope the Berlitz Kids™ *Picture Dictionary* will provide you and your child with hours of enjoyable learning.

The Editors at Berlitz Kids™

a/an
一个 yí gè

A sandwich and an apple are the cat's lunch.

猫的午餐是一个
三明治和一个苹果。
māo dè wǔ cān shì yí gè
sān míng zhì hé yī gè píng guǒ

across
对面 duì miàn

The fork is across from the spoon.

叉在汤匙的对面。
chā zài tāng chí de duì miàn

to add
加 jiā

I like to add numbers.

我喜欢把数字加起来。
wǒ xǐ huan bǎ shù zì jiā qǐ lái

adventure
历险记 lì xiǎn jì

What an adventure!

好一个历险记！
hǎo yí gè lì xiǎn jì

afraid
害怕 hài pà

The elephant is afraid.

大象很害怕。
dà xiàng hěn hài pà

after
后 hòu

She eats an apple after lunch.

她在午餐后吃一个苹果。
tā zài wǔ cān hòu chī yí gè píng guǒ

again
一次又一次 yí cì yòu yí cì

She jumps again and again.

她一次又一次地弹跳。
tā yí cì yòu yí cì dè tán tiào

to agree
达成协议 dá chéng xié yì

They need to agree.

他们需要达成协议。
tā men xū yào dá chéng xié yì

air
空气 kōng qì

A balloon is full of air.

气球充满了空气。
qì qiú chōng mǎn lè kōng qì

airplane *See Transportation (page 108).*
飞机 fēi jī

airport
飞机场 fēi jī chǎng

Airplanes land
at the airport.

飞机在飞机场降陆。
fēi jī zài fēi jī chǎng jiàng lù

all
所有 suó yǒu

All the frogs are green.

所有的青蛙都是青色的。
suó yǒu de qīng wā dōu
shì qīng sè de

alligator *See Animals (page 10).*
鳄鱼 è yú

almost
差点 chā diǎn

He can almost
reach it.

他差点就能动到。
tā chā diǎn jiù néng
dòng dào

along
沿途 yán tú

There are birds
along the path.

沿途的树上有小鸟。
yán tú de shù shàng yǒu
xiǎo niǎo

already
已经 yǐ jīng

He already has a hat.

他已经有一顶帽子了。
tā yǐ jīng yǒu yì dǐng
mào zi le

and
和 hé

I have two sisters
and two brothers.

我有两个姐姐/妹妹
和两个哥哥/弟弟。
wǒ yǒu liǎng gè jiě jie/mèi mei
hé liǎng gè gē ge/dì di

to answer
回答 huí dá

Who wants to answer
the question?

谁要回答问题？
shéi yào huí dá wèn tí

ant *See Insects (page 52).*
蚂蚁 **mǎ yǐ**

apartment
屋子 **wū zi**

He is in the apartment.

他在屋子里。
tā zài wū zi lǐ

apple
苹果 **píng guǒ**

The apple is falling.

苹果掉下了。
píng guǒ diào xià le

April
四月 **sì yuè**

The month after March is April.

三月后是四月。
sān yuè hòu shì sì yuè

arm *See People (page 76).*
手臂 **shǒu bì**

armadillo
犰狳 **qiú yú**

Some armadillos live in Mexico.

有些犰狳在墨西哥生长。
yǒu xiē qiú yú zài mò xī gē shēng zhǎng

around
绕 **rào**

Someone is walking around the stool.

有人绕着凳子走。
yǒu rén rào zhe dèng zi zǒu

art
艺术 **yì shù**

Is it art?

这是艺术吗？
zhè shì yì shù ma

as
一样 **yí yàng**

He is as tall as a tree!

他和树木一样高！
tā hé shù mù yí yàng gāo

Animals
动物 dòng wù

kangaroo
袋鼠
dài shǔ

monkey
猴子
hóu zi

lion
狮子
shī zi

elephant
大象
dà xiàng

bear
熊
xióng

giraffe
长颈鹿
cháng jǐng lù

jaguar
美洲虎
měi zhōu hǔ

llama
无峰驼
wú fēng tuó

alligator
鳄鱼
è yú

fox
狐狸
hú li

snake
蛇
shé

hippopotamus
河马
hé mǎ

cow
牛
niú

horse
马
mǎ

rooster
公鸡
gōng jī

goat
羊
yáng

rabbit
兔子
tù zi

sheep
绵羊
mián yáng

chicken
鸡
jī

pig
猪
zhū

fish
鱼
yú

duck
鸭
yā

frog
青蛙
qīng wā

11

to ask
问 **wèn**

It is time to ask,
"Where are my sheep?"

是时候问：我的绵羊
在哪里？

shì shí hòu wèn: wǒ de
mián yáng zài nǎ lǐ

at
在 **zài**

The cat is at home.

猫在家里。

māo zài jiā lǐ

attic *See Rooms in a House (page 86).*
阁楼 **gé lóu**

August
八月 **bā yuè**

The month after
July is August.

七月后是八月。

qī yuè hòu shì bā yuè

aunt
阿姨 **ā yí**

My aunt is my
mom's sister.

阿姨是我的妈妈的姐姐
/妹妹。

ā yí shì wǒ de mā ma de jiě jie
/mèi mei

awake
醒 **xǐng**

The duck is awake.

鸭子醒了。

yā zi xǐng le

away
离开 **lí kāi**

The cat is going away.

猫要离开。

māo yào lí kāi

baby
宝宝 bǎo bao

The baby likes to eat bananas.

宝宝喜欢吃香蕉。
bǎo bao xǐ huan chī xiāng jiāo

back
背 bèi

She is scratching his back.

她在抓他的背。
tā zài zhuā tā de bèi

bad
坏 huài

What a bad, bad monster!

好坏的怪兽!
hǎo huài de guài shòu

bag
袋子 dài zi

The bag is full.

袋子满了。
dài zi mǎn le

bakery
面包店 miàn bāo diàn

Everything at the bakery smells great!

面包店里的所有食物都很香!
miàn bāo diàn lǐ de suǒ yǒu shí wù dōu hěn xiāng

ball
球 qiú

Can he catch the ball?

他能抓得到球吗?
tā néng zhuā de dào qiú mā

balloon
气球 qì qiú

It is a balloon!

这是一个气球!
zhè shì yí gè qì qiú

banana
香蕉 xiāng jiāo

The bananas are in the bowl.

香蕉在碗里。
xiāng jiāo zài wǎn lǐ

band
乐队 yuè duì

The band is loud.

乐队的声量很大。
yuè duì de shēng liàng hěn dà

bandage
绷带 bēng dài

She has a bandage on her knee.

她的膝盖绑了绷带。
tā de xī gài bǎng le bēng dài

piggy bank
扑满 pū mǎn

Put your money
into the piggy bank!

把你的钱放进扑满里！
bǎ nǐ de qián fàng jìn pū mǎn lǐ

barber
理发师 lǐ fà shī

The barber cuts my hair.

理发师帮我剪头发。
lǐ fà shī bāng wǒ jiǎn tóu fa

to bark
吠 fèi

Dogs like to bark.

狗喜欢吠。
gǒu xǐ huan fèi

baseball *See Games and Sports (page 44).*
棒球 bàng qiú

basement *See Rooms in a House (page 86).*
底层 dǐ céng

basket
篮子 lán zi

What is in the basket?

篮子里装了什么？
lán zi lǐ zhuāng le shén me

basketball *See Games and Sports (page 44).*
篮球 lán qiú

bat
蝙蝠 biān fú

The bat is sleeping.

蝙蝠在睡觉。
biān fú zài shuì jiào

bat
球棒 qiú bàng

Hit the ball with the bat!

用球棒打球！
yòng qiú bàng dǎ qiú

bath
冲凉 chōng liáng

She is taking a bath.

她在冲凉。
tā zài chōng liáng

bathroom *See Rooms in a House (page 86).*
冲凉房 chōng liáng fáng

to be
成为 chéng wéi

Would you like
to be my friend?

你愿意成为我的朋友吗？
nǐ yuàn yì chéng wéi wǒ de
péng yǒu ma

beach
沙滩 shā tān

I like to play at the beach.

我喜欢在沙滩玩耍。
wǒ xǐ huan zài shā tān
wán shuǎ

beans
豆 dòu

He likes to eat beans.

他喜欢吃豆。
tā xǐ huan chī dòu

bear *See Animals (page 10).*
熊 xióng

beautiful
美丽 měi lì

Look at the beautiful things.

看看这些美丽的东西。
kàn kan zhè xiē měi lì de dōng xi

because
因为 yīn wèi

She is wet because it is raining.

因为下雨，所以她全身
湿透了。
yīn wèi xià yǔ, suó yǐ tā quán shēn
shī tòu le

bed
床 chuáng

The bed is next to the table.

床在桌子的旁边。
chuáng zài zhuō zi de páng biān

bedroom *See Rooms in a House (page 86).*
睡房 shuì fáng

bee *See Insects (page 52).*
蜜蜂 mì fēng

beetle *See Insects (page 52).*
甲虫 jiǎ chóng

before
前 qián

Put on your socks before you put on your shoes.

穿鞋子前先穿袜子。
chuān xié zi qián xiān chuān
wà zi

to begin
开始 kāi shǐ

She wants to begin the painting.

她要开始画画了。
tā yào kāi shǐ huà huà le

behind
后 hòu

The boy is behind the tree.

小男孩在树后。
xiǎo nán hái zài shù hòu

best
最好 zuì hǎo

The red box is the best.

红色盒子是最好的。
hóng sè hé zi shì zuì hǎo dè

to believe
相信 xiāng xìn

This is too good to believe.

这件事好得令人难以相信。
zhè jiàn shì hǎo de lìng rén nán yǐ xiāng xìn

better
更好 gèng hǎo

The belt is better than the pin.

腰带比别针更好。
yāo dài bǐ bié zhēn gèng hǎo

bell
铃铛 líng dāng

Don't ring that bell!

别摇那铃铛!
bié yáo nà líng dāng

between
之间 zhī jiān

He is between two trees.

他在两棵树之间。
tā zài liǎng kē shù zhī jiān

belt *See Clothing (page 24).*
腰带 yāo dài

bicycle *See Transportation (page 108).*
脚踏车 jiǎo tà chē

berry
梅子 méi zi

Those berries look good.

那些梅子看起来很好吃。
nà xiē méi zi kàn qǐ lái hén hǎo chī

big
大 dà

He is very big.

他的体型很大。
tā de tǐ xíng hěn dà

biking *See Games and Sports (page 44).*
骑脚踏车 **qí jiǎo tà chē**

bird
小鸟 **xiǎo niǎo**

The bird is flying
south for the winter.

小鸟飞向南方过冬。
xiǎo niǎo fēi xiàng nán fāng guò dōng

birthday
生日 **shēng rì**

Happy birthday!

生日快乐!
shēng rì kuài lè

black *See Numbers and Colors (page 68).*
黑 **hēi**

blank
空白 **kòng bái**

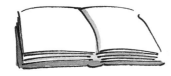

The pages are blank.

每一页都是空白的。
měi yí yè dōu shì kòng bái de

blanket
被 **bèi**

What is under
that blanket?

那张被下有什么?
nà zhāng bèi xià yǒu shén me

blouse *See Clothing (page 24).*
衣服 **yī fu**

to blow
刮 **guā**

The wind is starting to blow.

正在刮风了。
zhèng zài guā fēng le

blue *See Numbers and Colors (page 68).*
蓝 **lán**

boat *See Transportation (page 108).*
船 **chuán**

book
书本 **shū běn**

I am reading a book.

我在阅读书本。
wǒ zài yuè dú shū běn

bookstore
书局 **shū jú**

You can buy a
book at a bookstore.

你可以在书局买到书本。
nǐ kě yǐ zài shū jú mǎi dào shū běn

boots *See Clothing (page 24).*
靴 xuē

bottle
瓶子 **píng zi**

The straw is in the bottle.

吸管在瓶子里。
xī guǎn zài píng zi lǐ

bowl
碗 **wǎn**

Some food is still in the bowl.

碗里还有食物。
wǎn lǐ hái yǒu shí wù

bowling *See Games and Sports (page 44).*
打保龄球 **dǎ bǎo líng qiú**

box
箱子 **xiāng zi**

Why is that fox in the box?

狐狸为什么在箱子里？
hú lí wéi shén me zài xiāng zi lǐ

boy
小男孩 **xiǎo nán hái**

The boys are twin brothers.

两位小男孩是双胞胎兄弟。
liǎng wèi xiǎo nán hái shì shuāng bāo tāi xiōng dì

branch
树枝 **shù zhī**

Oh, no! Get off that branch!

糟了！快从树枝上下来！
zāo le kuài cóng shù zhī shàng xià lái

brave
勇敢 **yǒng gǎn**

What a brave mouse!

好勇敢的老鼠！
hǎo yǒng gǎn de láo shǔ

bread
面包 **miàn bāo**

He likes bread with jam and butter.

他喜欢涂上果酱与牛油的面包。
tā xǐ huan tú shàng guǒ jiàng yǔ niú yóu de miàn bāo

to break
打破 **dǎ pò**

It is easy to break an egg.

鸡蛋很容易打破。
jī dàn hěn róng yì dǎ pò

breakfast
早餐 **zǎo cān**

Morning is the time for breakfast.

早上是吃早餐的时间。
zǎo shàng shì chī zǎo cān de shí jiān

bridge
桥 qiáo

The boat is under
the bridge.

船在桥下。
chuán zài qiáo xià

to bring
带去 dài qù

She wants to bring
the lamb to school.

她要把小羊带去学校。
tā yào bǎ xiǎo yáng dài qù
xué xiào

broom
扫把 sào bǎ

A broom is for
sweeping.

扫把是用来扫地的。
sào bǎ shì yòng lái sǎo
dì de

brother
哥哥 gē ge

He is my brother.

他是我的哥哥。
tā shì wǒ de gē ge

brown *See Numbers and Colors (page 68).*
褐 hè

brush
刷 shuā

I need my hairbrush.

我需要我的发刷。
wǒ xū yào wǒ de fà shuā

bubble
泡沫 pào mò

The bathtub is full
of bubbles.

浴缸充满了泡沫。
yù gāng chōng mǎn le pào mò

bug
虫 chóng

Do you know the
name of this bug?

你知道这只虫的名称吗?
nǐ zhī dào zhè zhī chóng de
míng chēng ma

to build
制造 zhì zào

I want to build a box.

我要制造一个箱子。
wǒ yào zhì zào yí gè xiāng zi

bus *See Transportation (page 108).*
巴士 **bā shì**

bush
草丛 **cǎo cóng**

A bird is in the bush.

一只小鸟在草丛里。
yì zhī xiǎo niǎo zài cǎo cóng lǐ

busy
忙 **máng**

He is very busy.

他很忙。
tā hěn máng

but
可是 **kě shì**

The pencil is on the table,
but the book is on the chair.

铅笔在桌子上，可是书本
在椅子上。
qiān bǐ zài zhuō zi shàng kě shì
shū běn zài yǐ zi shàng

butter
牛油 **niú yóu**

Bread and butter taste good.

涂上牛油的面包很好吃。
tú shàng niú yóu de miàn bāo
hén hǎo chī

butterfly *See Insects (page 52).*
蝴蝶 **hú dié**

button
钮扣 **niǔ kòu**

One button is missing.

一颗钮扣不见了。
yì kē niǔ kòu bū jiàn le

to buy
买 **mǎi**

He wants to
buy a banana.

他要买一条香蕉。
tā yào mǎi yì tiáo xiāng jiāo

by
旁 **páng**

She is standing
by the cheese.

她站在乳酪旁。
tā zhàn zài rǔ lào páng

cage
鸟笼 niǎo lóng

The bird is on the cage.

小鸟在鸟笼上。
xiǎo niǎo zài niǎo lóng shàng

cake
蛋糕 dàn gāo

She likes to eat cake.

她喜欢吃蛋糕。
tā xǐ huān chī dàn gāo

to call
打电话 dǎ diàn huà

Remember to call me again later.

等一下记得打电话给我。
děng yí xià jì dé dǎ diàn huà gěi wǒ

camel
骆驼 luò tuó

The camel is hot.

骆驼觉得很热。
luò tuó jué de hěn rè

camera
相机 xiàng jī

Smile at the camera!

对相机笑一笑!
duì xiàng jī xiào yi xiào

can
罐子 guàn zi

What is in that can?

罐子里有什么?
guàn zi lǐ yǒu shén me

candle
蜡烛 là zhú

She is lighting the candle.

她在点蜡烛。
tā zài diǎn là zhú

candy
糖果 táng guǒ

Candy is sweet.

糖果是甜的。
táng guǒ shì tián de

cap *See Clothing (page 24).*
帽子 **mào zi**

car *See Transportation (page 108).*
车子 **chē zi**

card
牌 **pái**

Do you want to play cards?

你想玩牌吗？
nǐ xiǎng wán pái ma

to care
照顾 **zhào gù**

Her job is to care for pets.

她的工作是照顾宠物。
tā de gōng zuò shì zhào gù
chǒng wù

carpenter
工匠 **gōng jiàng**

A carpenter makes
things with wood.

工匠用木制作东西。
gōng jiàng yòng mù zhì
zuò dōng xī

carrot
萝卜 **luó bo**

A carrot is orange.

萝卜是橙色的。
luó bo shì chéng sè de

to carry
提 **tí**

He carries a big bag.

他提着一个大袋子。
tā tí zhe yí gè dà dài zi

castanets
响板 **xiáng bǎn**

Click the castanets
to the music!

跟着音乐拍打响板！
gēn zhe yīn yuè pāi dǎ xiáng bǎn

castle
城堡 **chéng bǎo**

The king lives in a castle.

国王住在城堡里。
guó wáng zhù zài chéng bǎo lǐ

cat
猫 **māo**

The cat sees
the mouse.

猫看见老鼠。
māo kàn jiàn lǎo shǔ

caterpillar *See Insects (page 52).*
毛毛虫 **máo máo chóng**

to catch
抓 **zhuā**

He runs to catch the ball.

他跑去抓住那颗球。
tā pǎo qù zhuā zhù nà kē qiú

cave
山洞 **shān dòng**

Who lives in the cave?

谁住在山洞里？
shéi zhù zài shān dòng lǐ

to celebrate
庆祝 **qìng zhù**

They celebrate his birthday.

他们在为他庆祝生日。
tā men zài wéi tā qìng zhù
shēng rì

chair
椅子 **yǐ zi**

He is sitting on a chair.

他坐在椅子上。
tā zuò zài yǐ zi shàng

chalk
粉笔 **fěn bǐ**

You can write with chalk.

你可以用粉笔写字。
nǐ kě yǐ yòng fěn bǐ xiě zì

to change
换 **huàn**

He wants to
change his shirt.

他要换衣服。
tā yào huàn yī fu

to cheer
打气 **dǎ qì**

It is fun to cheer
for our team.

为我们的队伍打气
很好玩。
wéi wǒ men de duì wǔ dǎ qì
hén hǎo wán

cheese
乳酪 **rǔ lào**

The mouse likes
to eat cheese.

老鼠喜欢吃乳酪。
láo shǔ xǐ huan chī rǔ lào

Clothing
衣服
yī fu

vest
背心
bèi xīn

hat
帽子
mào zi

raincoat
雨衣
yǔ yī

cap
帽子
mào zi

earmuffs
耳罩
ěr zhào

shirt
衬衫
chèn shān

tie
领带
lǐng dài

jacket
外套
wài tào

belt
腰带
yāo dài

pants
裤子
kù zi

gloves
手套
shǒu tào

socks
袜子
wà zi

sneakers
球鞋
qiú xié

dress
裙
qún

coat
大衣
dà yī

mittens
手套
shǒu tào

boots
靴
xuē

scarf
丝巾
sī jīn

blouse
上衣
shàng yī

sweater
外套
wài tào

skirt
裙
qún

shawl
披肩
pī jiān

shoes
鞋
xié

cherry
樱桃 yīng táo

He wants a cherry.

他要一颗樱桃。
tā yào yì kē yīng táo

chicken *See Animals (page 10).*
鸡 jī

child
小孩 xiǎo hái

She is a happy child.

她是一个快乐的小孩。
tā shì yí gè kuài lè de xiǎo hái

chocolate
巧克力 qiǎo kè lì

He likes chocolate.

他喜欢巧克力。
tā xǐ huan qiǎo kè lì

circle
圆圈 yuán quān

It is drawing a circle.

机器人在画圆圈。
jī qì rén zài huà yuán quān

circus
马戏团 mǎ xì tuán

There are clowns
at a circus.

马戏团里有小丑。
mǎ xì tuán lǐ yǒu xiǎo chǒu

city
城市 chéng shì

This cow does not
live in the city.

这只牛不住在城市里。
zhè zhī niú bù zhù zài chéng shì lǐ

to clap
拍手 pāi shǒu

He likes to clap
when he is happy.

他喜欢在开心的时候拍手。
tā xǐ huan zài kāi xīn de shí hòu
pāi shǒu

class
班 bān

There is an elephant
in my class.

我的班上有一只大象。
wǒ de bān shàng yǒu yì zhī
dà xiàng

classroom
课室 kè shì

A teacher works
in a classroom.

老师在课室里上课。
lǎo shī zài kè shì lǐ shàng kè

clock
时钟 shí zhōng

A clock tells time.

时钟能够报时。
shí zhōng néng gòu bào shí

clean
干净 gān jìng

The car is very clean.

车子很干净。
chē zi hěn gān jìng

close
靠近 kào jìn

The turtle is close
to the rock.

海龟很靠近石头。
hǎi guī hěn kào jìn shí tóu

to clean
打扫 dá sǎo

He is starting to
clean his room.

他正在开始打扫他的房间。
tā zhèng zài kāi shǐ dá sǎo tā
de fáng jiān

to close
关 guān

He is going to close
the window.

他要关窗。
tā yào guān chuāng

closet See Rooms in a House (page 86).
衣橱 yī chú

to climb
爬 pá

The bear likes to
climb the tree.

熊喜欢爬树。
xióng xǐ huān pá shù

cloud
云 yún

The sun is behind
the cloud.

太阳在云后。
tài yáng zài yún hòu

clown
小丑 xiáo chǒu

The clown is funny.

小丑很好笑。
xiáo chǒu hén hǎo xiào

coat *See Clothing (page 24).*
大衣 dà yī

cold
冷 lěng

It is cold in here!

这里很冷!
zhè lǐ hén lěng

comb
梳子 shū zi

Where is my comb?

我的梳子呢?
wǒ de shū zi ne

to comb
梳头发 shū tóu fa

He likes to comb his hair.

他喜欢梳头发。
tā xǐ huan shū tóu fa

to come
过来 guò lái

Come over here!

过来这里!
guò lái zhè lǐ

computer
电脑 diàn nǎo

She is working at
her computer.

她在用电脑。
tā zài yòng diàn nǎo

to cook
煮饭 zhǔ fàn

It is fun to cook.

煮饭很好玩!
zhǔ fàn hén hǎo wán

cookie
饼干 bǐng gān

Mary wants a cookie.

玛莉要一块饼干。
mǎ lì yào yí kuài bǐng gān

to count
数 shǔ

There are too many
stars to count.

天空有数不完的星星。
tiān kōng yǒu shǔ bù wán de
xīng xing

country
国家 guó jiā

The country is beautiful.

国家很美丽。
guó jiā hén měi lì

cow *See Animals (page 10).*
牛 niú

crayon
蜡笔 là bǐ

She is drawing
with her crayons.

她在用蜡笔画画。
tā zài yòng là bǐ huà huà

cricket *See Games and Sports (page 44).*
板球 bǎn qiú

cricket *See Insects (page 52).*
蟋蟀 xī shuài

crowded
拥挤 yōng jǐ

This elevator
is crowded.

电梯很拥挤。
diàn tī hěn yōng jǐ

to cry
哭 kū

Try not to cry!

别哭！
bié kū

cup
杯子 bēi zi

He is drinking water
from the cup.

他在用杯子喝水。
tā zài yòng bēi zi hē shuǐ

to cut
切 qiē

Use a knife to
cut the carrots!

用刀切萝卜！
yòng dāo qiē luó bo

cute
可爱 kě ài

She thinks her
baby is cute.

她认为她的宝宝很可爱。
tā rèn wéi tā de bǎo bao hén kě ài

D

dad
爸爸 **bà ba**

My dad and I look alike.

我和我的爸爸长得很像。
wǒ hé wǒ de bà ba zhǎng
de hěn xiàng

to dance
跳舞 **tiào wǔ**

The pig likes to dance
and play the drum.

小猪喜欢跳舞和打鼓。
xiǎo zhū xǐ huān tiào wǔ hé dǎ gǔ

danger
危险 **wēi xiǎn**

He is in danger.

他有危险。
tā yǒu wēi xiǎn

dark
暗 **àn**

It is dark at night.

这里晚上很暗。
zhè lǐ wǎn shang hěn àn

day
白天 **bái tiān**

The sun shines in the day.

太阳在白天照耀。
tài yáng zài bái tiān zhào yào

December
十二月 **shí èr yuè**

The month after
November is December.

十一月后是十二月。
shí yī yuè hòu shì shí èr yuè

to decide
作决定 **zuò jué dìng**

It is hard to decide.

很难作决定。
hěn nán zuò jué dìng

decision
决定 **jué dìng**

That is a good decision.

那是一个好的决定。
nà shì yí gè hǎo de jué dìng

deck *See Rooms in a house (page 86).*
阳台 **yáng tái**

decorations
装饰品 **zhuāng shì pǐn**

The decorations look great!

装饰品很好看！
zhuāng shì pǐn hén hǎo kàn

deer
鹿 lù

The deer is running in the woods.

鹿在森林里奔跑。
lù zài sēn lín lǐ bēn pǎo

dentist
牙医 yá yī

The dentist has a big job.

牙医的这项工作真大！
yá yī de zhè xiàng gōng zuò zhēn dà

department
部门 bù mén

This is the hat department.

这是帽子部门。
zhè shì mào zi bù mén

desk
桌子 zhuō zi

The desk is very messy.

桌子很乱。
zhuō zi hěn luàn

different
不同 bù tóng

The one in the middle is different.

中间的那个不同。
zhōng jiān de nà ge bù tóng

difficult
难 nán

This is difficult!

这道数学题很难！
zhè dào shù xué tí hěn nán ！

to dig
挖掘 wā jué

A dog uses its paws to dig.

狗用它的四肢挖掘泥土。
gǒu yòng tā de sì zhī wā jué ní tǔ

dining room *See Rooms in a House (page 86).*
饭厅 fàn tīng

dinner
晚餐 wǎn cān

We have dinner at 6 o'clock.

我们在傍晚六点钟吃晚餐。
wǒ men zài bàng wǎn liù diǎn zhōng chī wǎn cān

dinosaur
恐龙 kǒng lóng

The dinosaur is having fun.

恐龙正在玩耍。
kǒng lóng zhèng zài wán shuǎ

dirty
肮脏 **āng zāng**

The pig is dirty.

猪很肮脏。
zhū hěn āng zāng

dish
碟子 **dié zi**

Do not drop the dishes!

千万别掉了碟子！
qiān wàn bié diào le dié zi

to do
做 **zuò**

He has a lot to do.

他有很多工作要做。
tā yǒu hěn duō gōng zuò yào zuò

doctor
医生 **yī shēng**

The doctor checks the baby.

医生检查宝宝。
yī shēng jiǎn chá bǎo bao

dog
狗 **gǒu**

The dog has a funny hat.

狗戴的帽子很有趣。
gǒu dài de mào zi hén yǒu qù

doll
洋娃娃 **yáng wá wa**

The doll is in a box.

洋娃娃在箱子里。
yáng wá wa zài xiāng zi lǐ

dolphin
海豚 **hǎi tún**

Dolphins live in the sea.

海豚住在海里。
hǎi tún zhù zài hǎi lǐ

donkey
驴 **lú**

The donkey is sleeping.

驴在睡觉。
lú zài shuì jiào

door
门 **mén**

What is behind the door?

门后是什么？
mén hòu shì shén me

down
下 **xià**

The elevator is going down.

电梯正往下降。
diàn tī zhèng wǎng xià jiàng

dragon
龙 lóng

The dragon is cooking lunch.

龙在煮午餐。
lóng zài zhǔ wǔ cān

to draw
画画 huà huà

He likes to draw.

他喜欢画画。
tā xǐ huan huà huà

drawing
画 huà

Look at my drawing!

看我的画！
kàn wǒ de huà

dress *See Clothing (page 24).*
裙 qún

to drink
喝 hē

She likes to drink milk.

她喜欢喝牛奶。
tā xǐ huan hē niú nǎi

to drive
驾车 jià chē

He is too small to drive.

他太小了，不能驾车。
tā tài xiǎo le, bù néng jià chē

to drop
掉 diào

He is going to drop the pie.

他的馅饼快要掉了。
tā de xiàn bǐng kuài yào diào le

drum
鼓 gǔ

He plays the drum.

他在打鼓。
tā zài dǎ gǔ

dry
干 gān

The shirt is dry.

衣服干了。
yī fu gān le

duck *See Animals (page 10).*
鸭子 yā zi

dust
灰尘 huī chén

There is dust under the bed.

床底下有灰尘。
chuáng dǐ xià yǒu huī chén

E

each
每 **měi**

Each snowflake is different.

每一片雪花都不同。
měi yí piàn xuě huā dōu bù tóng

ear *See People (page 76).*
耳朵 **ěr duo**

early
早 **zǎo**

The sun comes up early in the day.

太阳在白天很早的时候就升上来。
tài yáng zài bái tiān hén zǎo de
shí hòu jiù shēng shàng lái

earmuffs *See Clothing (page 24).*
耳罩 **ěr zhào**

to earn
赚 **zhuàn**

We work to earn money.

我们做工才能赚钱。
wǒ men zuò gōng cái néng zhuàn qián

east
东 **dōng**

The sun comes up in the east.

太阳从东边升起。
tài yáng cóng dōng biān shēng qǐ

to eat
吃 **chī**

This bird likes to eat worms.

这只鸟喜欢吃虫。
zhè zhī niǎo xǐ huan chī chóng

egg
鸡蛋 **jī dàn**

The hen has an egg.

母鸡有一粒鸡蛋。
mǔ jī yǒu yí lì jī dàn

eight *See Numbers and Colors (page 68).*
八 **bā**

eighteen *See Numbers and Colors (page 68).*
十八 **shí bā**

eighty *See Numbers and Colors (page 68).*
八十 **bā shí**

elephant *See Animals (page 10).*
大象 **dà xiàng**

eleven *See Numbers and Colors (page 68).*
十一 **shí yī**

empty
空 **kōng**

The bottle is empty.

瓶子是空的。
píng zi shì kōng de

to end
结束 jié shù

It is time to end the game.

是时候结束游戏了。
shì shí hòu jié shù yóu xì le

everything
所有的东西
suó yǒu de dōng xi

Everything is purple.

所有的东西都是
紫色的。
suó yǒu de dōng xi dōu
shì zǐ sè de

enough
足够 zú gòu

He has enough food!

他有足够的食物了!
tā yǒu zú gòu de shí wù le

everywhere
到处 dào chù

There are balls everywhere.

到处都有球。
dào chù dōu yǒu qiú

every
每 měi

Every egg is broken.

每一粒鸡蛋都破了。
měi yí lì jī dàn dōu pò le

excited
高兴 gāo xìng

He is excited.

他很高兴。
tā hěn gāo xìng

everyone
每个人 měi gè rén

Everyone here has spots!

这里的每个人都有斑点!
zhè lǐ de měi gè rén dōu yǒu bān diǎn

eye *See People (page 76).*
眼睛 yǎn jīng

F

face *See People (page 76).*
脸 **liǎn**

factory
工厂 **gōng chǎng**

Cans are made
in this factory.

这间工厂生产罐子。
zhè jiān gōng chǎng shēng
chǎn guàn zi

to fall
跌倒 **diē dǎo**

He is about to fall.

他快要跌倒了。
tā kuài yào diē dǎo le

fall
秋天 **qiū tiān**

It is fall.

现在是秋天了。
xiàn zài shì qiū tiān le

family
家庭 **jiā tíng**

This is a big family.

这是一个大家庭。
zhè shì yí gè dà jiā tíng

fan
风扇 **fēng shàn**

Please, turn off the fan!

请关掉风扇！
qǐng guān diào fēng shàn

far
远 **yuǎn**

The moon is far away.

月亮离我们很远。
yuè liang lí wǒ men hén yuǎn

faraway
遥远 **yáo yuǎn**

She is going to a faraway place.

她要去一个遥远的地方。
tā yào qù yí gè yáo yuǎn de dì fang

fast
快 **kuài**

That train is
going fast!

火车跑得很快！
huǒ chē pǎo de hěn kuài

fat
肥 **féi**

The pig is fat.

猪很肥。
zhū hěn féi

father
爸爸 bà ba

My father and I look alike.

我和我的爸爸长得很像。
wǒ hé wǒ de bà ba zhǎng de hěn xiàng

favorite
最喜欢 zuì xǐ huan

This is my favorite toy.

这是我最喜欢的玩具。
zhè shì wǒ zuì xǐ huan de wán jù

feather
羽毛 yǔ máo

The feather is
tickling her nose.

羽毛让她的鼻子觉得很痒。
yǔ máo ràng tā de bí zi jué de
hén yǎng

February
二月 èr yuè

The month after
January is February.

一月后是二月。
yī yuè hòu shì èr yuè

to feel
感觉 gǎn jué

He likes to feel safe.

他喜欢安全感。
tā xǐ huan ān quán gǎn

fence
篱笆 lí bā

A zebra is on my fence.

有一只斑马在我的篱笆上。
yǒu yì zhī bān mǎ zài wǒ de
lí bā shàng

fifteen *See Numbers and Colors (page 68).*
十五 shí wǔ

fifty *See Numbers and Colors (page 68).*
五十 wǔ shí

to find
找 zhǎo

He is trying to find his kite.

他在找他的风筝。
tā zài zhǎo tā de fēng zheng

finger *See People (page 76).*
手指 shóu zhǐ

fire
火 huǒ

He can put out the fire.

他能够灭火。
tā néng gòu miè huǒ

F

firefighter
消防员 xiāo fáng yuán

The firefighter has boots and a hat.

消防员穿着靴并戴着帽子。
xiāo fáng yuán chuān zhe xuē bìng
dài zhe mào zi

firefly *See Insects (page 52).*
萤火虫 yíng huǒ chóng

firehouse
消防局 xiāo fáng jú

Welcome to the firehouse!

欢迎来到消防局！
huān yíng lái dào xiāo fáng jú

first
第一 dì yī

The yellow one
is first in line.

黄色的排在第一位。
huáng sè de pái zài dì yī wèi

fish *See Animals (page 10).*
鱼 yú

five *See Numbers and Colors (page 68).*
五 wǔ

to fix
修理 xiū lǐ

She wants to fix it.

她要把东西修理好。
tā yào bǎ dōng xi xiū lǐ hǎo

flag
旗 qí

A flag is above her hat.

她的帽子上面有一面旗。
tā de mào zi shàng miàn yǒu
yí miàn qí

flat
泄气 xiè qì

The tire is flat.

轮胎泄气了。
lún tāi xiè qì le

flea *See Insects (page 52).*
跳蚤 tiào zǎo

floor
地上 dì shàng

There is a hole in the floor.

地上有个洞。
dì shàng yǒu gè dòng

flower
花 huā

The flower is growing.

花在生长。
huā zài shēng zhǎng

flute
笛子 dí zi

Robert plays the flute.

罗拔在吹笛子。
luó bá zài chuī dí zi

fly *See Insects (page 52).*
苍蝇 cāng yíng

to fly
飞 fēi

The bee wants to fly.

蜜蜂想要飞。
mì fēng xiǎng yào fēi

fog
雾 wù

He is walking in the fog.

他在雾里行走。
tā zài wù lǐ xíng zǒu

food
食物 shí wù

He eats a lot of food.

他吃很多食物。
tā chī hěn duō shí wù

foot *See People (page 76).*
脚 jiǎo

for
给 gěi

This is for you.

这是给你的。
zhè shì gěi nǐ de

to forget
忘记 wàng jì

He does not want to forget his lunch!

他不想忘记吃午餐!
tā bù xiǎng wàng jì chī wǔ cān

fork
叉 chā

He eats with a fork.

他用叉吃东西。
tā yòng chā chī dōng xi

forty *See Numbers and Colors (page 68).*
四十 **sì shí**

four *See Numbers and Colors (page 68).*
四 **sì**

fourteen *See Numbers and Colors (page 68).*
十四 **shí sì**

fox *See Animals (page 10).*
狐狸 **hú lí**

Friday
星期五 **xīng qī wǔ**

On Friday, we go to the park.

我们在星期五去公园。
wǒ men zài xīng qī wǔ qù
gōng yuán

friend
朋友 **péng yǒu**

We are good friends.

我们是好朋友。
wǒ men shì hǎo péng yǒu

frog *See Animals (page 10).*
青蛙 **qīng wā**

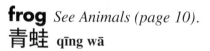

front
前面 **qián miàn**

She sits in front of him.

她坐在他的前面。
tā zuò zài tā de qián miàn

fruit
水果 **shuí guǒ**

Fruit is delicious.

水果很好吃。
shuí guǒ hén hǎo chī

full
装满 **zhuāng mǎn**

The cart is full of lizards.

推车装满了壁虎。
tuī chē zhuāng mǎn le bì hǔ

fun
玩耍 **wán shuǎ**

She is having fun.

她在玩耍。
tā zài wán shuǎ

funny
好笑 **hǎo xiào**

What a funny face!

这张脸很好笑！
zhè zhāng liǎn hén hǎo xiào

game
游戏 **yóu xì**

We are playing a game.

我们在玩游戏。
wǒ men zài wán yóu xì

garage
See Rooms in a House (page 86).
汽车间 **qì chē jiān**

garden
花园 **huā yuán**

Roses are growing
in the garden.

花园种了玫瑰花。
huā yuán zhòng le méi guī huā

gate
门 **mén**

The gate is open.

门正开着。
mén zhèng kāi zhe

to get
拿到 **ná dào**

The mice are trying
to get the cheese.

老鼠在尝试拿到乳酪。
lǎo shǔ zài cháng shì ná dào rǔ lào

giraffe *See Animals (page 10).*
长颈鹿 **cháng jǐng lù**

girl
女孩 **nǚ hái**

The girl is dancing.

女孩在跳舞。
nǚ hái zài tiào wǔ

to give
送 **sòng**

I want to give
you a present.

我要送你一个礼物。
wǒ yào sòng nǐ yí gè lǐ wù

glad
开心 **kāi xīn**

She is glad to see you.

她看到你很开心。
tā kàn dào ní hěn kāi xīn

glass
玻璃 bō lí

Windows are made of glass.

窗是用玻璃做成的。
chuāng shì yòng bō lí zuò chéng de

glasses
眼镜 yǎn jìng

This owl wears glasses.

这只猫头鹰戴眼镜。
zhè zhī māo tóu yīng dài yǎn jìng

gloves *See Clothing (page 24).*
手套 shǒu tào

to go
回去 huí qù

It is time to go
to your room.

是时候回去睡觉了。
shì shí hòu huí qù shuì jiào le

goat *See Animals (page 10).*
羊 yáng

golf *See Games and Sports (page 44).*
高尔夫球 gāo ěr fū qiú

good
乖 guāi

What a good dog!

好乖的一只狗！
hǎo guāi de yì zhī gǒu

good-bye
再见 zài jiàn

Good-bye!

再见！
zài jiàn

goose
鹅 é

A goose is riding
a bicycle.

鹅在骑脚踏车。
é zài qí jiǎo tà chē

gorilla
黑猩猩 hēi xīng xing

The gorilla is eating a banana.

黑猩猩在吃香蕉。
hēi xīng xing zài chī xiāng jiāo

to grab
抓住 zhuā zhù

She wants to
grab the bananas.

她想要抓住香蕉。
tā xiǎng yào zhuā zhù xiāng jiāo

grandfather
公公 gōng gong

I have fun with
my grandfather!

我和公公玩耍。
wǒ hé gōng gong wán shuǎ

grandma
婆婆 pó po

Grandma is my dad's mother.

婆婆是我的爸爸的妈妈。
pó po shì wǒ de bà ba de mā ma

grandmother
婆婆 pó po

My grandmother
likes to bake.

婆婆喜欢烘制饼干。
pó po xǐ huan hōng zhì bǐng gān

grandpa
公公 gōng gong

Grandpa is my
mom's father.

公公是我的妈妈的爸爸。
gōng gong shì wǒ de mā ma de bà ba

grape
葡萄 pú táo

Get the grapes!

拿葡萄！
ná pú táo

grass
草 cǎo

Cows eat grass.

牛吃草。
niú chī cǎo

grasshopper *See Insects (page 52).*
蚱蜢 zhà měng

43

Games and Sports
游戏与运动
yóu xì yǔ yùn dòng

baseball
棒球
bàng qiú

basketball
篮球
lán qiú

golf
高尔夫球
gāo ěr fū qiú

ping-pong
乒乓球
pīng pāng qiú

running
赛跑
sài pǎo

bowling
保龄球
bǎo líng qiú

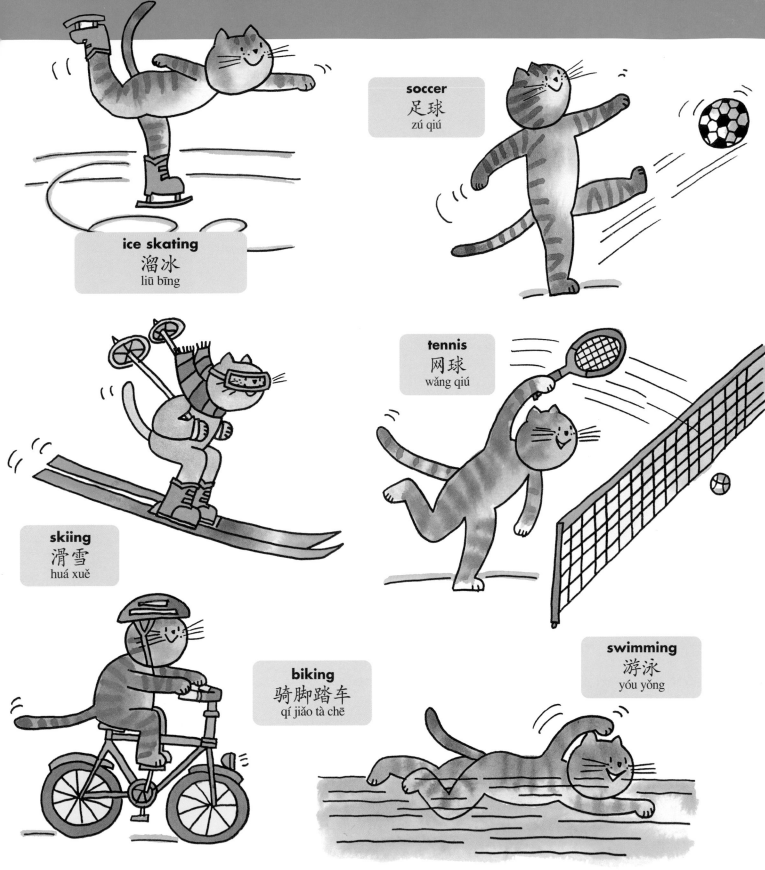

ice skating
溜冰
liū bīng

soccer
足球
zú qiú

skiing
滑雪
huá xuě

tennis
网球
wǎng qiú

biking
骑脚踏车
qí jiǎo tà chē

swimming
游泳
yóu yǒng

45

gray *See Numbers and Colors (page 68).*
灰 **huī**

great
棒 **bàng**

It is a great party.

这是个很棒的派对。
zhè shì gè hěn bàng de pài duì

green *See Numbers and Colors (page 68).*
青 **qīng**

groceries
杂货 **zá huò**

The groceries are falling out.

杂货快掉出来了。
zá huò kuài diào chū lái le

ground
地底下 **dì dǐ xià**

They live in the ground.

他们住在地底下。
tā men zhù zài dì dǐ xià

group
群 **qún**

This is a group of artists.

这是一群画家。
zhè shì yì qún huà jiā

to grow
长高 **zhǎng gāo**

He wants to grow.

他要长高。
tā yào zhǎng gāo

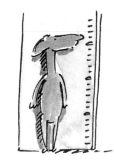

to guess
猜 **cāi**

He wants to guess
what is inside.

他要猜箱子里有什么。
tā yào cāi xiāng zi lǐ yǒu shén me

guitar
吉他 **jí tā**

My robot plays the guitar.

我的机器人会弹吉他。
wǒ de jī qì rén huì tán jí tā

hair *See People (page 76).*
头发 tóu fa

half
一半 yí bàn

Half the cookie is gone.

一半的饼干不见了。
yí bàn de bǐng gān bù jiàn le

hall *See Rooms in a House (page 86).*
大厅 dà tīng

hammer
铁锤 tiě chuí

Hit the nail
with the hammer!

用铁锤敲打铁钉。
yòng tiě chuí qiāo
dǎ tiě dīng

hammock
吊床 diào chuáng

Dad is sleeping
in the hammock.

爸爸在吊床里睡觉。
bà ba zài diào chuáng lǐ shuì jiào

hand *See People (page 76).*
手 shǒu

happy
快乐 kuài lè

This is a happy face.

这是一张快乐的脸。
zhè shì yì zhāng kuài lè de liǎn

hard
硬 yìng

The rock is hard.

石头很硬。
shí tóu hěn yìng

harp
竖琴 shù qín

She plays the
harp very well.

她弹竖琴弹得很好。
tā tán shù qín tán de hén hǎo

hat *See Clothing (page 24).*
帽子 mào zi

to have
拥有 yōng yǒu

She needs to
have three hats.

她需要拥有三顶帽子。
tā xū yào yōng yǒu sān
dǐng mào zi

he
他 tā

He is under the table.

他在桌子底下。
tā zài zhuō zi dǐ xià

head *See People (page 76).*
头 tóu

to hear *See People (page 76).*
听 tīng

heart
心 xīn

The heart is red.

心是红色的。
xīn shì hóng sè de

helicopter *See Transportation (page 108).*
直升机 zhí shēng jī

hello
哈罗 hā luó

Hello. How are you?

哈罗，你好吗？
hā luó nǐ hǎo ma

help
帮助 bāng zhù

I need help!

我需要帮助！
wǒ xū yào bāng zhù

her
她 tā

This is her tail.

这是她的尾巴。
zhè shì tā de wěi bā

here
这里 zhè lǐ

I live here.

我住在这里。
wǒ zhù zài zhè lǐ

hi
嗨 hāi

Hi!

嗨！
hāi

to hide
躲 duǒ

She is too big to hide under the box.

她不能躲在箱子里因为她的体型太大了。
tā bù néng duǒ zài xiāng zi lǐ yīn wéi tā de tǐ xíng tài dà le

high
高 gāo

The star is high in the sky.

星星在高空中。
xīng xing zài gāo kōng zhōng

hill
山 shān

She is coming down the hill.

她在下山。
tā zài xià shān

hippopotamus *See Animals (page 10).*
河马 **hé mǎ**

to hit
打中 **dǎ zhòng**

He tries to hit the ball.

他尝试打中那颗球。
tā cháng shì dǎ zhōng
nà kē qiú

to hold
握 **wò**

He has to hold her hand now.

他现在需要握着她的手。
tā xiàn zài xū yào wò zhe
tā de shǒu

hole
洞 **dòng**

He is digging a hole.

他在挖掘一个洞。
tā zài wā jué yí gè dòng

hooray
万岁 **wàn suì**

We are winning! Hooray!

我们赢了！万岁！
wǒ men yíng le wàn suì

to hop
跳 **tiào**

They know how to hop.

他们懂得怎么跳。
tā men dǒng de zěn me tiào

horse *See Animals (page 10).*
马 **mǎ**

hospital
医院 **yī yuàn**

Doctors work at the hospital.

医生在医院里工作。
yī shēng zài yī yuàn lǐ gōng zuò

hot
热 **rè**

Fire is hot.

火很热。
huǒ hěn rè

hotel
酒店 **jiǔ diàn**

He is staying
at the hotel.

他住在酒店。
tā zhù zài jiǔ diàn

hour
小时 xiǎo shí

In an hour, it is going to be two o'clock.

再多一小时就是两点钟。
zài duō yì xiǎo shí jiù shì liǎng diǎn zhōng

house
屋子 wū zi

The house has many windows.

这间屋子有很多窗口。
zhè jiān wū zi yóu hěn duō chuāng kǒu

how
怎么 zěn me

How does he do that?

他是怎么做到的？
tā shì zěn me zuò dào de

hug
拥抱 yōng bào

Give me a hug!

给我一个拥抱！
géi wǒ yì gè yōng bào

huge
很大 hěn dà

That cat is huge!

那只猫很大！
snà zhī māo hěn dà

hundred See Numbers and Colors (page 68).
一百 yì bǎi

(to be) hungry
饿 è

I think he is hungry.

我想他可能是饿了。
wó xiǎng tā kě néng shì è le

to hurry
赶快 gǎn kuài

She has to hurry.

她必需赶快。
tā bì xū gǎn kuài

to hurt
痛 tòng

It does not have to hurt.

打针不会痛的。
dǎ zhēn bú huì tòng de

husband
丈夫 zhàng fu

He is her husband.

他是她的丈夫。
tā shì tā de zhàng fu

I
我 wǒ

"I am so cute!" she says.

她说："我很可爱！"
tā shuō wǒ hén kě ài

ice
冰 bīng

We skate on ice.

我们在冰上溜冰。
wǒ men zài bīng shàng liū bīng

ice cream
雪糕 xuě gāo

Clara likes ice cream.

可拉喜欢雪糕。
kě lā xǐ huan xuě gāo

idea
主意 zhǔ yì

She has an idea.

她有个主意。
tā yǒu gè zhǔ yì

important
重要 zhòng yào

He looks very important.

他看起来像个重要人物。
tā kàn qǐ lái xiàng gè zhòng yào rén wù

in
里 lǐ

What is in that box?

箱子里面是什么？
xiāng zi lǐ miàn shì shén me

inside
里 lǐ

He is inside the house.

他在屋子里。
tā zài wū zi lǐ

into
进去 jìn qù

Do not go into that cave!

不要进去那个山洞！
bú yào jìn qù nà ge shān dòng

island
岛 dǎo

The goat is on an island.

羊在一个岛上。
yáng zài yí gè dǎo shàng

Insects
蚊虫
wén chóng

wasp
黄蜂
huáng fēng

mantis
螳螂
táng láng

butterfly
蝴蝶
hú dié

flea
跳蚤
tiào zǎo

fly
苍蝇
cāng yíng

beetle
甲虫
jiǎ chóng

mosquito
蚊子
wén zi

caterpillar
毛毛虫
máo máo chóng

grasshopper
蚱蜢
zhà měng

moth
飞蛾
fēi é

bee
蜜蜂
mì fēng

termite
白蚁
bái yǐ

firefly
萤火虫
yíng huǒ chóng

cricket
蟋蟀
xī shuài

ant
蚂蚁
mǎ yǐ

53

J

jacket *See Clothing (page 24).*
外套 **wài tào**

jaguar *See Animals (page 10).*
美洲虎 **měi zhōu hǔ**

jam
果酱 **guǒ jiàng**

Do you think she likes bread and jam?

你认为她喜欢面包与果酱吗？
nǐ rèn wéi tā xǐ huan miàn bāo yǔ guǒ jiàng ma

January
一月 **yī yuè**

January is the first month of the year.

一月是一年里的第一个月。
yī yuè shì yī nián lǐ dè dì yī gè yuè

jar
罐子 **guàn zi**

Jam comes in a jar.

果酱是装在罐子里的。
guǒ jiàng shì zhuāng zài guàn zi lǐ de

job
工作 **gōng zuò**

It is a big job.

这是一项大工作。
zhè shì yí xiàng dà gōng zuò

juice
果汁 **guǒ zhī**

She is pouring a glass of orange juice.

她正在倒一杯果汁。
tā zhèng zài dào yì bēi guǒ zhī

July
七月 **qī yuè**

The month after June is July.

六月后是七月。
liù yuè hòu shì qī yuè

to jump
弹跳 **tán tiào**

She loves to jump.

她喜欢弹跳。
tā xǐ huan tán tiào

June
六月 **liù yuè**

The month after May is June.

五月后是六月。
wǔ yuè hòu shì liù yuè

junk
垃圾 **lā jī**

No one can use this junk.

这堆垃圾对任何人都没有用处。
zhè duī lā jī duì rèn hé rén dōu méi yǒu yòng chù

kangaroo See Animals (page 10).
袋鼠 dài shǔ

to keep
收留 shōu liú

I want to keep him.

我要收留它。
wǒ yào shōu liú tā

key
钥匙 yào shi

Which key opens
the lock?

哪一把钥匙能够开锁？
nǎ yì bǎ yào shi néng gòu kāi suǒ

to kick
踢 tī

He wants to kick
the ball.

他想要踢球。
tā xiǎng yào tī qiú

kind
好 hǎo

She is kind to animals.

她对动物很好。
tā duì dòng wù hén hǎo

kind
类型 lèi xíng

What kind of animal is that?

那是什么类型的动物？
nà shì shén me lèi xíng de dòng wù

king
国王 guó wáng

The king is having fun.

国王正在玩乐。
guó wáng zhèng zài wán lè

kiss
吻 wěn

Would you like to give
the monkey a kiss?

你想要吻一下猴子吗？
nǐ xiǎng yào wěn yí xià
hóu zi ma

kitchen *See Rooms in a House (page 86).*
厨房 **chú fáng**

knife
刀 **dāo**

A knife can cut.

刀会割伤人。
dāo huì gē shāng rén

kite
风筝 **fēng zhēng**

Kites can fly high.

风筝可以飞得很高。
fēng zhēng kě yǐ fēi de hěn gāo

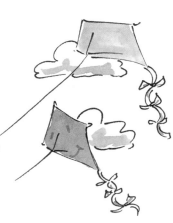

to knock
敲 **qiāo**

He starts to knock
on the door.

他正在敲门。
tā zhèng zài qiāo mén

kitten
小猫 **xiǎo māo**

A kitten is a baby cat.

小猫是猫宝宝。
xiǎo māo shì māo bǎo bao

to know
知道 **zhī dào**

He wants to know
what it says.

他想知道这说些什么。
tā xiǎng zhī dào zhè shuō
xiē shén me

knee *See People (page 76).*
膝盖 **xī gài**

ladder
梯子 tī zi

He climbs the ladder.

他在爬梯子。
tā zài pá tī zi

lake
湖 hú

He is drinking the lake!

他在喝湖水！
tā zài hē hú shuǐ

lamp
灯 dēng

He has a lamp
on his head.

他的头上有一盏灯。
tā de tóu shàng yǒu yì zhǎn dēng

lap
腿 tuǐ

He sits on his grandma's lap.

他坐在他的婆婆的腿上。
tā zuò zài tā de pó po de tuǐ shàng

last
最后 zuì hòu

The pink one is last in line.

粉红色的排在最后一位。
fěn hóng sè de pái zài zuì hòu yí wèi

late
晚 wǎn

It is late at night.

很晚了。
hén wǎn le

to laugh
笑 xiào

She likes to laugh.

她很喜欢笑。
tā hén xǐ huan xiào

laundry room
See Rooms in a House (page 86).

洗衣间 xǐ yī jiān

lazy
懒惰 lǎn duò

He is so lazy.

他很懒惰。
tā hén lǎn duò

leaf
叶子 yè zi

The tree has one leaf.

树上有一片叶子。
shù shàng yǒu yí piàn yè zi

to leave
走 zǒu

She does not want to leave.

她不想走。
tā bù xiǎng zǒu

left
左 zuǒ

This is your left hand.

这是你的左手。
zhè shì nǐ de zuǒ shǒu

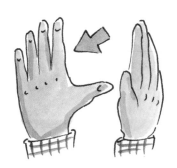

leg *See People (page 76).*
脚 jiǎo

lemon
柠檬 níng méng

She likes lemons.

她喜欢柠檬。
tā xǐ huan níng méng

leopard
豹 bào

A leopard is losing its spots.

有一只豹正在失去它的斑点。
yǒu yī zhī bào zhèng zài shī qù
tā dè bān diǎn

to let
放走 fàng zǒu

Papa is not going to let him go.

爸爸不想放他走。
bà ba bù xiǎng fàng tā zǒu

letter
信 xìn

This letter is
going airmail.

这封信将通过航空邮件寄出。
zhè fēng xìn jiāng tōng guò háng
kōng yóu jiàn jì chū

library
图书馆 tú shū guǎn

The library is full of books.

图书馆有很多书本。
tú shū guǎn yóu hěn duō
shū běn

to lick
舔 tiǎn

You have to lick it.

你必须舔它。
nǐ bì xū tiǎn tā

life
人生 rén shēng

Life is wonderful!

人生很美妙！
rén shēng hén měi miào

light
阳光 yáng guāng

The sun gives us light.

太阳给我们阳光。
tài yáng gěi wǒ men yáng guāng

lightning
闪电 shǎn diàn

Look! There's lightning!

看！有闪电！
kàn yǒu shǎn diàn

to like
喜欢 xǐ huan

He likes the cake.

他喜欢蛋糕。
tā xǐ huan dàn gāo

like
像 xiàng

She looks like a rock.

她看起来像一块石头。
tā kàn qǐ lái xiàng yí kuài shí tóu

line
线 xiàn

I can draw a line.

我会画线。
wǒ huì huà xiàn

lion *See Animals (page 10).*
狮子 shī zi

to listen
听 tīng

He does not want to listen to loud music.

他不想听大声的音乐。
tā bù xiǎng tīng dà shēng de yīn yuè

little
小 xiǎo

The bug is little.

虫的体型很小。
chóng de tǐ xíng hén xiǎo

to live
居住 jū zhù

What a nice place to live!

好一个居住的地方！
hǎo yí gè jū zhù de dì fang

living room *See Rooms in a House (page 86).*
客厅 kè tīng

llama *See Animals (page 10).*
无峰驼 wú fēng tuó

to lock
锁 **suǒ**

Do not forget to lock the door.

不要忘记锁门。
bú yào wàng jì suǒ mén

long
长 **cháng**

That is a long snake.

那条蛇很长。
nà tiáo shé hěn cháng

to look
看 **kàn**

I use this to look at the stars.

我用望远镜看星星。
wǒ yòng wàng yuǎn jìng kàn xīng xing

to lose
失去 **shī qù**

He does not want to lose his hat.

他不想失去他的帽子。
tā bù xiǎng shī qù tā de mào zi

lost
迷路 **mí lù**

Oh, no! He is lost.

糟了！他迷路了！
zāo le tā mí lù le

lots
很多 **hěn duō**

There are lots of bubbles.

这里有很多泡沫。
zhè lǐ yǒu hěn duō pào mò

loud
大声 **dà shēng**

The music is loud!

音乐很大声！
yīn yuè hěn dà shēng

to love
喜爱 **xǐ ài**

She loves the present.

她很喜爱这份礼物。
tā hén xǐ ài zhè fèn lǐ wù

love
爱 **ài**

Love is wonderful.

爱很美妙。
ài hén měi miào

low
低 **dī**

The bridge is low.

桥很低。
qiáo hěn dī

lunch
午餐 **wǔ cān**

He has nuts for lunch.

他的午餐是果仁。
tā dè wǔ cān shì guǒ rén

mad
生气 **shēng qì**

The frogs are mad.

青蛙们很生气。
qīng wā men hěn shēng qì

mail
信件 **xìn jiàn**

The mail is here.

信件送来了。
xìn jiàn sòng lái le

mailbox
信箱 **xìn xiāng**

What is in that mailbox?

信箱里有什么？
xìn xiāng lǐ yǒu shén me

mail carrier
邮差 **yóu chāi**

Our mail carrier brings us the mail.

邮差送信给我们。
yóu chāi sòng xìn gěi wǒ men

to make
制作 **zhì zuò**

A belt is easy to make.

腰带很容易制作。
yāo dài hěn róng yì zhì zuò

man
人 **rén**

The man is waving with his hand.

那个人在挥手。
nà ge rén zài huī shǒu

mango
芒果 **máng guǒ**

He will eat the whole mango.

他会把整个芒果吃掉。
tā huì bá zhěng gè máng guǒ chī diào

mantis *See Insects (page 52).*
螳螂 **táng láng**

many
很多 **hěn duō**

There are many dots!

这里有很多斑点！
zhè lǐ yóu hěn duō bān diǎn

map
地图 **dì tú**

The map shows where to go.

地图指引方向。
dì tú zhǐ yǐn fāng xiàng

maraca
响葫芦 **xiǎng hú lú**

Shake those maracas!

摇摆响葫芦！
yáo bǎi xiǎng hú lú

March
三月 **sān yuè**

The month after
February is March.

二月后是三月。
èr yuè hòu shì sān yuè

math
数学 **shù xué**

He is not very good at math.

他的数学不是很好。
tā de shù xué bú shì hén hǎo

May
五月 **wǔ yuè**

The month after
April is May.

四月后是五月。
sì yuè hòu shì wǔ yuè

maybe
可能 **kě néng**

Maybe it is a ball.

布底下可能是一颗球。
bù dǐ xià kě néng shì yì kē qiú

mayor
市长 **shì zhǎng**

The mayor leads the town.

市长管理市镇。
shì zhǎng guǎn lǐ shì zhèn

me
我 **wǒ**

Look at me!

看看我！
kàn kan wǒ

to mean
指 **zhǐ**

That has to mean "hello."

那个手势是指"哈罗"。
nà ge shǒu shì shì zhǐ hā luó

meat
肉 **ròu**

I am eating meat, salad,
and potatoes for dinner.

我的晚餐有肉，沙拉及马铃薯。
wǒ de wǎn cān yǒu ròu shā lā jí mǎ líng shǔ

medicine
药 **yào**

Take your medicine!

吃药！
chī yào

to meet
见到 **jiàn dào**

I am happy to meet you.

我很高兴见到你。
wó hěn gāo xìng jiàn dào nǐ

meow
喵 **miāo**

Cats say, "MEOW!"

猫说：" 喵 "
māo shuō miāo

mess
一团糟 **yì tuán zāo**

What a mess!

真是一团糟！
zhēn shì yì tuán zāo

messy
乱 **luàn**

The bear is a little messy.

熊的用具有点乱。
xióng de yòng jù yǒu diǎn luàn

milk
牛奶 **niú nǎi**

He likes milk.

他喜欢牛奶。
tā xǐ huan niú nǎi

minute
分钟 **fēn zhōng**

It is one minute before noon.

现在距离中午有一分钟。
xiàn zài jù lí zhōng wǔ yǒu yì fēn zhōng

mirror
镜子 **jìng zi**

He loves to look
in the mirror.

他喜欢照镜子。
tā xǐ huan zhào jìng zi

to miss
错过 **cuò guò**

He does not want
to miss the airplane.

他不想错过班机。
tā bù xiǎng cuò guò bān jī

mittens *See Clothing (page 24).*
手套 **shǒu tào**

to mix
搅拌 **jiǎo bàn**

Use the spoon to mix it.

用汤匙来搅拌。
yòng tāng chí lái jiǎo bàn

mom
妈妈 **mā ma**

She is the baby's mom.

她是宝宝的妈妈。
tā shì bǎo bao de mā ma

moon
月亮 **yuè liàng**

The moon is up
in the sky.

月亮在天空。
yuè liàng zài tiān kōng

Monday
星期一 **xīng qī yī**

Every Monday
we take a bath.

我们每个星期 一都冲凉。
wǒ men měi gè xīng qī yī dōu
chōng liáng

more
多一些 **duō yì xiē**

She needs to buy
more juice.

她需要买多一些果汁。
tā xū yào mǎi duō yì xiē guǒ zhī

money
钱 **qián**

Look at all the money!

看看这些钱！
kàn kan zhè xiē qián

morning
早上 **zǎo shàng**

The sun comes up
in the morning.

太阳在早上升起。
tài yáng zài zǎo shàng shēng qǐ

monkey *See Animals (page 10).*
猴子 **hóu zi**

mosquito *See Insects (page 52).*
蚊子 **wén zi**

month
月 **yuè**

January and February
are the first two months
of the year.

一月和二月是一年
里的首两个月
yī yuè hé èr yuè shì yì nián
lǐ de shǒu liǎng gè yuè

most
大多数 **dà duō shù**

Most of the milk is gone.

大多数的牛奶已经喝光了。
dà duō shù de niú nǎi yǐ jīng hē guāng le

moth *See Insects (page 52).*
飞蛾 **fēi é**

mother
妈妈 **mā ma**

She is the baby's mother.

她是宝宝的妈妈。
tā shì bǎo bao de mā ma

motorcycle *See Transportation (page 108).*
摩托车 **mó tuō chē**

mountain
山 **shān**

He is climbing up the mountain.

他在爬山。
tā zài pá shān

mouse
老鼠 **láo shǔ**

The mouse is skating.

老鼠在溜冰。
láo shǔ zài liū bīng

mouth *See People (page 76).*
口 **kǒu**

to move
搬走 **bān zǒu**

They have to move.

他们必须搬走。
tā men bì xū bān zǒu

movie
电影 **diàn yǐng**

They are watching a movie.

他们在看电影。
tā men zài kàn diàn yǐng

Mr.
先生 **xiān sheng**

Say hello to Mr. Green.

向青先生打招呼。
xiàng qīng xiān sheng dǎ zhāo hū

Mrs.
太太 **tài tai**

Mrs. Feront is getting
on the bus.

菲隆太太正在搭巴士。
fēi lóng tài tai zhèng zài dā bā shì

much
多 **duō**

There is not much food
in the refrigerator.

冰箱里的食物所剩不多了。
bīng xiāng lǐ de shí wù suǒ
shèng bù duō le

music
音乐 **yīn yuè**

They can play music.

他们会弹奏音乐。
tā men huì tán zòu yīn yuè

my
我的 **wǒ de**

This is my nose.

这是我的鼻子。
zhè shì wǒ de bí zi

N

nail
钉子 dīng zi

Try to hit the nail!

尝试打中钉子！
cháng shì dǎ zhòng dīng zi

name
名字 míng zì

His name begins with "R."

他的名字以"R"开始。
tā de míng zì yǐ "R" kāi shǐ

neck *See People (page 76).*
颈项 jǐng xiàng

necklace
项链 xiàng liàn

She loves her necklace.

她喜爱她的项链。
tā xǐ ài tā de xiàng liàn

to need
需要 xū yào

He is going to need a snack later.

等一下他一定需要点心。
děng yí xià tā yí dìng xū yào diǎn xīn

neighbor
邻居 lín jū

They are neighbors.

他们是邻居。
tā men shì lín jū

nest
鸟巢 niǎo cháo

The birds are
near their nest.

小鸟们在它们的鸟巢附近。
xiǎo niǎo men zài tā men de niǎo cháo fù jìn

never
永远 yóng yuǎn

She is never going to fly.

她永远都不会飞。
tā yóng yuǎn dōu bú huì fēi

new
新 xīn

He has a new umbrella.

他有新的雨伞。
tā yǒu xīn de yú sǎn

newspaper
报纸 bào zhǐ

Who is cutting my newspaper?

谁剪了我的报纸？
shéi jiǎn le wǒ de bào zhǐ

next
旁 **páng**

She is next to the rock.

她在石头旁。
tā zài shí tóu páng

next
下一位 **xià yí wèi**

The horse is next.

下一位就轮到马了。
xià yí wèi jiù lún dào mǎ le

nice
好 **hǎo**

What a nice clown!

这位小丑真好！
zhè wèi xiǎo chǒu zhēn hǎo

night
晚 **wǎn**

It is dark at night.

这里晚上很暗。
zhè lǐ wǎn shàng hěn àn

nine *See Numbers and Colors (page 68).*
九 **jiǔ**

nineteen *See Numbers and Colors (page 68).*
十九 **shí jiǔ**

ninety *See Numbers and Colors. (page 68).*
九十 **jiǔ shí**

no
不 **bù**

No, you may not go.

不，你不能走。
bù nǐ bù néng zǒu

noise
嘈杂声 **cáo zá shēng**

He is making a terrible noise.

他在制造嘈杂声。
tā zài zhì zào cáo zá shēng

noisy
吵闹 **chǎo nào**

They are very noisy.

他们很吵闹。
tā men hén chǎo nào

noon
中午 **zhōng wǔ**

It is noon.

现在是中午。
xiàn zài shì zhōng wǔ

Numbers and Colors

数字与颜色 shù zì yǔ yán sè

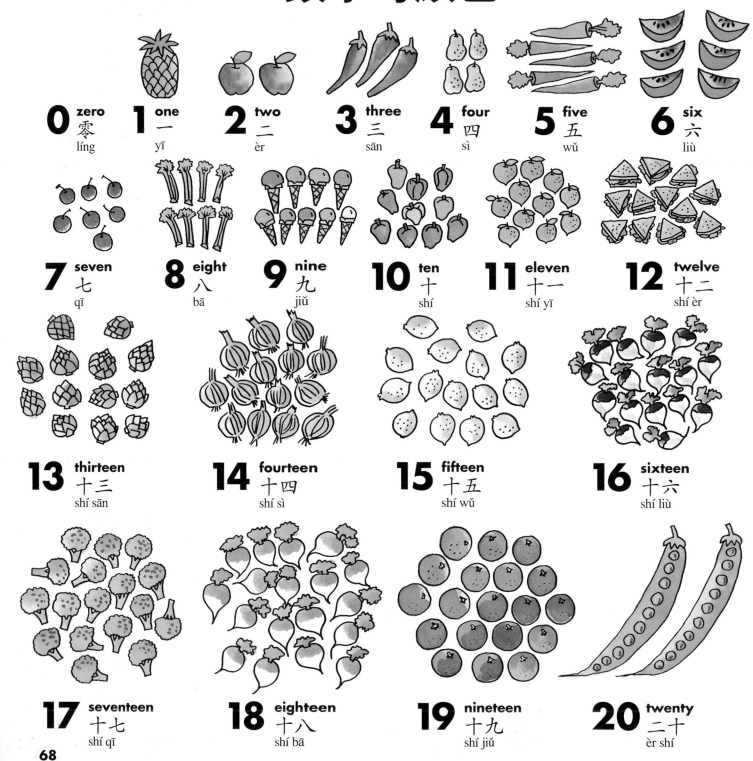

0 zero 零 líng

1 one 一 yī

2 two 二 èr

3 three 三 sān

4 four 四 sì

5 five 五 wǔ

6 six 六 liù

7 seven 七 qī

8 eight 八 bā

9 nine 九 jiǔ

10 ten 十 shí

11 eleven 十一 shí yī

12 twelve 十二 shí èr

13 thirteen 十三 shí sān

14 fourteen 十四 shí sì

15 fifteen 十五 shí wǔ

16 sixteen 十六 shí liù

17 seventeen 十七 shí qī

18 eighteen 十八 shí bā

19 nineteen 十九 shí jiǔ

20 twenty 二十 èr shí

 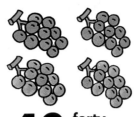  

30 **thirty**
三十
sān shí

40 **forty**
四十
sì shí

50 **fifty**
五十
wǔ shí

60 **sixty**
六十
liù shí

70 **seventy**
七十
qī shí

80 **eighty**
八十
bā shí

90 **ninety**
九十
jiǔ shí

100 **one hundred**
一百
yī bǎi

1000 **one thousand**
一千
yī qiān

Colors

颜色 **yán sè**

gray
灰色
huī sè

purple
紫色
zǐ sè

yellow
黄色
huáng
sè

black
黑色
hēi sè

green
青色
qīng sè

red
红色
hóng sè

blue
蓝色
lán sè

orange
橙色
chéng sè

tan
黄褐色
huáng hè sè

brown
褐色
hè sè

pink
粉红色
fěn hóng sè

white
白色
bái sè

69

north
北方 běi fāng

It is cold in the north.

北方现在很冷。
běi fāng xiàn zài hén lěng

nose *See People (page 76).*
鼻子 bí zi

not
不是 bú shì

The duck is not red.

鸭子不是红色的。
yā zi bú shì hóng sè de

note
字条 zì tiáo

He is writing a note.

他在写字条。
tā zài xiě zì tiáo

nothing
空 kōng

There is nothing in the bottle.

瓶子是空的。
píng zi shì kōng de

November
十一月 shí yī yuè

The month after October is November.

十月后是十一月。
shí yuè hòu shì shí yī yuè

now
马上 mǎ shàng

The mouse needs to run now.

老鼠得马上逃跑。
lǎo shǔ děi mǎ shàng táo pǎo

number
号码 hào mǎ

There are five numbers.

这里有五个号码。
zhè lǐ yǒu wǔ gè hào mǎ

nurse
护士 hù shì

She wants to be a nurse.

她想当护士。
tā xiǎng dāng hù shì

nut
果仁 guǒ rén

I think he likes nuts.

我想他应该是很喜欢果仁。
wó xiǎng tā yīng gāi shì hén xǐ huan guǒ rén

ocean
海洋 **hǎi yáng**

This turtle swims
in the ocean.

这只海龟在海洋里游泳。
zhè zhī hǎi guī zài hǎi yáng lǐ yóu yǒng

o'clock
钟 **zhōng**

It is one o'clock.

现在是一点钟。
xiàn zài shì yì diǎn zhōng

October
十月 **shí yuè**

The month after
September is October.

九月后是十月。
jiǔ yuè hòu shì shí yuè

of
的 **de**

The color of the
airplane is yellow.

飞机的颜色是黄色的。
fēi jī de yán sè shì huáng sè de

office *See Rooms in a House (page 86).*
办公室 **bàn gōng shì**

oh
啊 **ā**

Oh! What a surprise!

啊！真是意外！
ā zhēn shì yì wài

old
老 **lǎo**

The alligator is very old.

鳄鱼很老。
è yú hén lǎo

on
上 **shàng**

The coat is on
the chair.

大衣在椅子上。
dà yī zài yǐ zi shàng

once
一次 yí cì

Birthdays come once a year.

生日一年只有一次。
shēng rì yì nián zhí yǒu yí cì

one See Numbers and Colors (page 68).
一 yī

onion
葱 cōng

He is chopping an onion.

他正在切葱。
tā zhèng zài qiē cōng

only
只 zhǐ

This is the only food left.

冰箱里只剩下
这罐食物了。
bīng xiāng lǐ zhǐ shèng xià
zhè guàn shí wù le

open
开着 kāi zhe

The window is open.

窗口正开着。
chuāng kǒu zhèng kāi zhe

or
或是 huò shì

Do you want the red one or the blue one?

你要红色或是蓝色的？
nǐ yào hóng sè huò shì lán sè de

orange See Numbers and Colors (page 68).
橙色 chéng sè

orange
橙 chéng

He is squeezing oranges.

他正在榨橙。
tā zhèng zài zhà chéng

ostrich
鸵鸟 tuó niǎo

An ostrich can run fast.

鸵鸟可以跑得很快。
tuó niǎo ké yǐ pǎo de hěn kuài

other
另 lìng

What is on the other side?

另一边有什么？
lìng yì biān yǒu shén me

oven
烘炉 hōng lú

We bake cookies
in an oven.

我们用烘炉烘制饼干。
wǒ men yòng hōng lú hōng zhì bǐng gān

ouch
哎呀! āi yā

Ouch! That hurts!

哎呀！好痛！
āi yā hǎo tòng

over
上 shàng

She is holding the umbrella
over her head.

她把雨伞撑在头上。
tā bǎ yǔ sǎn chēng zài tóu shàng

out(side)
出去 chū qù

He goes out.

他出去了。
tā chū qù le

owl
猫头鹰 māo tóu yīng

The owl does not
sleep at night.

猫头鹰晚上不睡觉。
māo tóu yīng wǎn shàng
bù shuì jiào

outdoors
户外 hù wài

We like to play
outdoors.

我们喜欢在户外玩耍。
wǒ men xǐ huan zài hù wài wán shuǎ

to own
拥有 yōng yǒu

It is wonderful
to own a book.

拥有一本书真好。
yōng yǒu yì běn shū zhēn hǎo

P

page
页 yè

He is turning the page.

他在翻书的一页。
tā zài fān shū de yí yè

paint
漆 qī

The baby is playing with paint.

宝宝在玩漆。
bǎo bao zài wán qī

painter
画家 huà jiā

He is a painter.

他是一位画家。
tā shì yí wèi huà jiā

pajamas
睡衣 shuì yī

She is wearing pajamas to sleep.

她穿睡衣睡觉。
tā chuān shuì yī shuì jiào

pan
锅 guō

We cook with a pan.

我们用锅煮东西。
wǒ men yòng guō zhǔ dōng xi

panda
熊猫 xióng māo

This panda is hungry.

这只熊猫饿了。
zhè zhī xióng māo è le

pants See Clothing (page 24).
裤子 kù zi

paper
纸 zhǐ

Write on the paper!

写在纸上！
xiě zài zhǐ shàng

parent
父母 fù mǔ

These parents have many babies.

这些父母有很多宝宝。
zhè xiē fù mǔ yóu hěn duō bǎo bao

park
公园 gōng yuán

We like to go to the park.

我们喜欢去公园。
wǒ men xǐ huan qù gōng yuán

parrot
鹦鹉 **yīng wǔ**

This parrot can say, "Cracker!"

这只鹦鹉会说："饼干！"
zhè zhī yīng wǔ huì shuō bǐng gān

part
部分 **bù fèn**

A wheel is part of the car.

轮子是车的一部分。
lún zi shì chē de yí bù fèn

party
派对 **pài duì**

The ants are having a party.

蚂蚁正在开派对。
mǎ yǐ zhèng zài kāi pài duì

to pat
摸 **mō**

The baby tries to pat the dog.

宝宝想要摸摸狗。
bǎo bao xiǎng yào mō mo gǒu

paw
爪 **zhuǎ**

This dog has a big paw.

这只狗有一只大爪。
zhè zhī gǒu yǒu yì zhī dà zhuǎ

pea
豆 **dòu**

He does not like to eat peas.

他不喜欢吃豆。
tā bù xǐ huan chī dòu

peach
桃 **táo**

Peaches grow on trees.

桃长在树上。
táo zhǎng zài shù shàng

pen
笔 **bǐ**

The pen is leaking.

笔的墨汁漏出来了。
bǐ de mò zhī lòu chū lái le

pencil
铅笔 **qiān bǐ**

A pencil is for drawing.

铅笔是用来画画的。
qiān bǐ shì yòng lái huà huà de

人 • 你的身体

rén • nǐ de shēn tǐ

face
脸
liǎn

head
头
tóu

stomach
肚子
dù zi

knee
膝盖
xī gài

foot
足
zú

leg
脚
jiǎo

eye
眼睛
yǎn jīng

thumb
拇指
mú zhǐ

hair
头发
tóu fa

neck
颈项
jǐng xiàng

arm
手臂
shǒu bì

finger
手指
shóu zhǐ

hand
手
shǒu

76

ear
耳朵
ěr duo

tooth
牙齿
yá chǐ

to see
看
kàn

nose
鼻子
bí zi

to touch
摸
mō

mouth
口
kǒu

toe
脚趾
jiáo zhǐ

to hear
听
tīng

to smell
闻
wén

to taste
品尝
pǐn cháng

penguin
企鹅 qǐ é

There is a penguin
in your sink.

你的洗碗槽里有一只企鹅。
nǐ de xí wǎn cáo lǐ yǒu yì zhī qǐ é

people
人们 rén men

These people
are going up.

这些人们正在搭电梯上楼。
zhè xiē rén men zhèng zài dā
diàn tī shàng lóu

pepper
胡椒 hú jiāo

She is using too much pepper.

她用太多胡椒了。
tā yòng tài duō hú jiāo le

peppers
胡椒 hú jiāo

Peppers are good to eat.

胡椒很好吃。
hú jiāo hén hǎo chī

perfume
香水 xiāng shuǐ

She is wearing perfume.

她在涂香水。
tā zài tú xiāng shuǐ

pet
宠物 chǒng wù

This pig is a pet.

这只猪是一只宠物。
zhè zhī zhū shì yì zhī chǒng wù

photograph
照片 zhào piàn

Look at the photograph!

看这张照片！
kàn zhè zhāng zhào piàn

piano
钢琴 gāng qín

He plays the piano
very well.

他弹得一手好钢琴。
tā tán de yì shóu hǎo
gāng qín

to pick
采 cǎi

This dog likes
to pick berries.

这只狗喜欢采梅子。
zhè zhī gǒu xǐ huan cǎi méi zi

picnic
野餐 yě cān

They are having a picnic.

他们正在野餐。
tā men zhèng zài yě cān

picture
图画 tú huà

This is a picture
of a rabbit.

这是一张兔子的图画。
zhè shì yì zhāng tù zi de tú huà

pie
馅饼 xiàn bǐng

Who is eating the pie?

谁在吃馅饼？
shéi zài chī xiàn bǐng

pig *See Animals (page 10).*
猪 zhū

pillow
枕头 zhěn tóu

A pillow is for sleeping.

枕头是用来睡觉的。
zhěn tóu shì yòng lái shuì jiào de

ping-pong *See Games and Sports (page 44).*
乒乓球 pīng pāng qiú

pink *See Numbers and Colors (page 68).*
粉红色 fěn hóng sè

pizza
比萨饼 bǐ sà bǐng

We like to eat pizza.

我们喜欢吃比萨饼。
wǒ men xǐ huan chī bǐ sà bǐng

to place
放 fàng

It is good to place
glasses on the nose.

把眼镜放在鼻子上是
个好方法。
bǎ yǎn jìng fàng zài bí zi shàng
shì gè hǎo fāng fǎ

to plan
策划 cè huá

It helps to plan ahead.

预先策划是好的。
yù xiān cè huá shì hǎo de

to plant
种 zhòng

He likes to plant nuts.

他喜欢种果仁。
tā xǐ huan zhòng guǒ rén

to play
玩耍 wán shuǎ

Do you want
to play with us?

你想和我们
一起玩耍吗？
ní xiǎng hé wǒ men yì qǐ wán shuǎ ma

playground
游乐场 **yóu lè chǎng**

Meet me at the playground!

在游乐场见！
zài yóu lè chǎng jiàn

playroom *See Rooms in a House (page 86).*
游戏室 **yóu xì shì**

please
请 **qǐng**

Please, feed me!

请给我食物吃！
qǐng gěi wǒ shí wù chī

pocket
口袋 **kǒu dài**

What is in his pocket?

他的口袋装了什么？
tā de kǒu dài zhuāng le shén me

point
尖角 **jiān jiǎo**

It has a sharp point.

别针有尖角。
bié zhēn yǒu jiān jiǎo

to point
指 **zhǐ**

It is not polite to point.

指人是不礼貌的。
zhǐ rén shì bù lǐ mào de

police officer
警察 **jǐng chá**

The police officer helps us cross the street.

警察帮助我们过马路。
jǐng chá bāng zhù wǒ men guò mǎ lù

police station
警局 **jǐng jú**

You can get help at the police station.

你可以到警局求助。
nǐ kě yǐ dào jǐng jú qiú zhù

polite
礼貌 **lǐ mào**

He is so polite!

他很有礼貌！
tā hén yóu lǐ mào

pond
池塘 **chí táng**

She fell into the pond.

她跌进池塘里。
tā diē jìn chí táng lǐ

poor
可怜 kě lían

This poor monkey does
not have much money.

这只可怜的猴子没有什么钱。
zhè zhī kě lían de hóu zi méi yǒu
shén me qián

porch *See Rooms in a House (page 86).*
走廊 zǒu láng

post office
邮局 yóu jú

Letters go to the post office.

信件都是送往邮局的。
xìn jiàn dōu shì sòng wǎng
yóu jú de

pot
锅 guō

It is time to stir the pot.

是时候翻搅锅里的食物了。
shì shí hòu fān jiǎo guō lǐ de shí wù le

potato
马铃薯 mǎ líng shǔ

These potatoes
have eyes.

这些马铃薯有眼睛。
zhè xiē mǎ líng shǔ yóu yǎn jīng

to pound
锤 chuí

Use a hammer
to pound a nail.

用铁锤来锤铁钉。
yòng tiě chuí lái chuí tiě dīng

present
礼物 lǐ wù

Is the present for me?

这份礼物是给我的吗？
zhè fèn lǐ wù shì géi wǒ de ma

pretty
漂亮 piào liàng

It is not a pretty face.

这张脸一点都不漂亮。
zhè zhāng liǎn yì diǎn dōu
bú piào liàng

prince
王子 wáng zi

The prince is with his father.

王子和他的爸爸在一起。
wáng zi hé tā de bà ba zài yì qǐ

princess
公主 gōng zhǔ

This princess has big feet.

这位公主的脚很大。
zhè wèi gōng zhǔ de jiáo hěn dà

prize
奖品 jiǎng pǐn

Look who wins the prize.

看看谁赢了奖品。
kàn kan shéi yíng le jiáng pǐn

proud
自豪 zì háo

She is proud of
her new hat.

她为她的新帽子感到自豪。
tā wèi tā de xīn mào zi gǎn dào zì háo

to pull
拉 lā

We're trying to
pull him up.

我们正在把他拉起来。
wǒ men zhèng zài bǎ tā lā qǐ lái

puppy
小狗 xiáo gǒu

The puppy is wet.

小狗湿透了。
xiáo gǒu shī tòu le

purple *See Numbers and Colors (page 68).*
紫色 zǐ sè

purse
钱包 qián bāo

The purse is full.

钱包满了。
qián bāo mǎn le

to push
推 tuī

He needs to push hard.

他需要用力把门推开。
tā xū yào yòng lì bǎ mén tuī kāi

to put
放 fàng

Don't put your foot
in your mouth!

别把脚放在口里！
bié bǎ jiǎo fàng zài kǒu lǐ

puzzle
拼图 pīn tú

Can you put the
puzzle together?

你能完成拼图吗？
nǐ néng wán chéng pīn tú ma

quack
嘎 **gā**

"Quack, quack!" sing the ducks.

"嘎，嘎！"鸭子叫着。
gā gā yā zi jiào zhe

to quarrel
吵架 **chǎo jià**

We do not like to quarrel.

我们不喜欢吵架。
wǒ men bù xǐ huan chǎo jià

quarter
四分之一 **sì fēn zhī yī**

A quarter of the pie is gone.

馅饼的四分之一被吃掉了。
xiàn bǐng de sì fēn zhī yī bèi
chī diào le

queen
女王 **nǚ wáng**

She is queen of the zebras.

她是斑马中的女王。
tā shì bān mǎ zhōng de nǚ wáng

question
问题 **wèn tí**

She has a question.

她有一个问题要问。
tā yǒu yí gè wèn tí yào wèn

quick
快 **kuài**

A rabbit is quick;
a tortoise is slow.

兔子的动作快；
乌龟的动作慢。
tù zi de dòng zuò kuài
wū guī de dòng zuò màn

quiet
安静 **ān jìng**

Shh! Be quiet!

嘘！安静！
xū ān jìng

quilt
棉被 **mián bèi**

Who is under the quilt?

谁在棉被底下？
shéi zài mián bèi dǐ xià

to quit
停止 **tíng zhǐ**

The raccoon wants
to quit practicing.

浣熊想要停止练习射击。
huàn xióng xiǎng yào tíng
zhǐ liàn xí shè jī

quite
蛮 **mán**

It is quite cold today.

今天蛮冷的。
jīn tiān mán lěng de

R

rabbit *See Animals (page 10).*
兔子 tù zi

race
赛跑 sài pǎo

Who is going to win the race?

谁会赢这场赛跑？
shéi huì yíng zhè chǎng sài pǎo

radio
收音机 shōu yīn jī

They listen to the radio.

他们在听收音机。
tā men zài tīng shōu yīn jī

rain
雨 yǔ

She likes the rain.

她喜欢下雨。
tā xǐ huan xià yǔ

rainbow
彩虹 cǎi hóng

She is standing under a rainbow.

她站在彩虹下。
tā zhàn zài cǎi hóng xià

raincoat *See Clothing (page 24).*
赛跑 sài pǎo

raindrop
雨滴 yǔ dī

Look at the raindrops.

看这些雨滴。
kàn zhè xiē yǔ dī

rainy
雨天 yǔ tiān

It's a rainy day.

今天是个雨天。
jīn tiān shì gè yǔ tiān

to read
阅读 yuè dú

Does he know how to read?

他懂得阅读吗？
tā dǒng de yuè dú ma

ready
准备 zhǔn bèi

The baby is not ready to go.

宝宝还没有准备要走。
bǎo bao hái méi yǒu zhǔn
bèi yào zǒu

real
真 **zhēn**

It is not a real dog.

这不是真的狗。
zhè bú shì zhēn de gǒu

really
好 **hǎo**

She is really tall!

她长得好高！
tā zhǎng de hǎo gāo

red *See Numbers and Colors (page 68).*
红色 **hóng sè**

refrigerator
冰箱 **bīng xiāng**

We keep our snowballs in the refrigerator.

我们把我们的雪球藏在冰箱里。
wǒ men bá wǒ men de xuě qiú cáng zài bīng xiāng lǐ

to remember
记得 **jì dé**

It is hard to remember his phone number.

他的电话号码很难记得。
tā de diàn huà hào má hěn nán jì dé

restaurant
餐馆 **cān guǎn**

She is eating at a restaurant.

她在餐馆吃饭。
tā zài cān guǎn chī fàn

rice
饭 **fàn**

Where is all the rice?

所有的饭呢？
suó yǒu de fàn ne

rich
富有 **fù yǒu**

He is very rich.

他很富有。
tā hěn fù yǒu

to ride
骑 **qí**

It is fun to ride a horse.

骑马很好玩。
qí mǎ hén hǎo wán

right
右 **yòu**

This is your right hand.

这是你的右手。
zhè shì nǐ de yòu shǒu

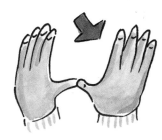

85

Rooms in a House

屋子里的房间

wū zi lǐ de fáng jiān

attic
阁楼
gé lóu

deck
阳台
yáng tái

bedroom
睡房
shuì fáng

bathroom
冲凉房
chōng liáng fáng

kitchen
厨房
chú fáng

dining room
饭厅
fàn tīng

garage
汽车间
qì chē jiān

playroom
游戏房
yóu xì fáng

closet
衣橱
yī chú

bedroom
睡房
shuì fáng

office
办公室
bàn gōng shì

living room
客厅
kè tīng

hall
大厅
dà tīng

porch
走廊
zǒu láng

basement
底层
dǐ céng

laundry room
洗衣间
xǐ yī jiān

R

ring
戒指 jiè zhǐ

She has a new ring.

她有一枚新的戒指。
tā yǒu yì méi xīn de jiè zhǐ

to ring
响 xiǎng

The telephone is
going to ring soon.

电话快要响了。
diàn huà kuài yào xiǎng le

river
河 hé

I am floating down the river.

我正随着河流往下飘。
wǒ zhèng suí zhe hé liú wǎng xià piāo

road
马路 mǎ lù

The road goes over the hill.

马路越过山。
mǎ lù yuè guò shān

robot
机器人 jī qì rén

A robot is looking
in my window!

机器人正往我的窗里看!
jī qì rén zhèng wáng wǒ de
chuāng lǐ kàn

rock
石头 shí tou

What is going around
the rock?

什么东西在绕着石头走？
shén me dōng xi zài rào zhe
shí tou zǒu

roof
屋顶 wū dǐng

There is a cow on the roof.

屋顶上有一只牛。
wū dǐng shàng yǒu yì zhī niú

room
房间 fáng jiān

The little house
has little rooms.

小屋子里有小房间。
xiǎo wū zi lǐ yǒu xiǎo fáng jiān

rooster *See Animals (page 10).*
公鸡 **gōng jī**

root
根 **gēn**

The plant has deep roots.

植物有很深的根。
zhí wù yóu hěn shēn de gēn

rose
玫瑰花 **méi guī huā**

She likes roses.

她喜欢玫瑰花。
tā xǐ huan méi guī huā

round
圆 **yuán**

These things are round.

这些东西是圆的。
zhè xiē dōng xi shì yuán de

to rub
擦 **cā**

He is rubbing his tummy.

他在擦他的肚子。
tā zài cā tā de dù zi

rug
地毯 **dì tǎn**

A bug is on the rug.

地毯上有一只虫。
dì tǎn shàng yǒu yì zhī chóng

to run
跑 **pǎo**

You need feet to run!

你需要脚才能跑！
nǐ xū yào jiǎo cái néng pǎo

running *See Games and Sports (page 44).*
赛跑 **sài pǎo**

S

sad
伤心 **shāng xīn**

This is a sad face.

这是一张伤心的脸。
zhè shì yì zhāng shāng xīn de liǎn

sailboat *See Transportation (page 108).*
帆船 **fān chuán**

salad
沙拉 **shā lā**

He is making a salad.

他在做沙拉。
tā zài zuò shā lā

salt
盐 **yán**

She is using too much salt.

她用太多盐了。
tā yòng tài duō yán le

same
一样 **yí yàng**

They look the same.

他们的样子是一样的。
tā men de yàng zi shì yí yàng de

sand
沙 **shā**

There is a lot of
sand at the beach.

有很多沙在沙滩上。
yóu hěn duō shā zài shā tān shàng

sandwich
三明治 **sān míng zhì**

This sandwich is delicious!

这个三明治好吃！
zhè ge sān míng zhì hǎo chī

sandy
沙 **shā**

The beach is sandy.

沙滩有很多沙。
shā tān yóu hěn duō shā

Saturday
星期六 **xīng qī liù**

On Saturday, we
work together.

我们在星期六一起工作。
wǒ men zài xīng qī liù yì qǐ
gōng zuò

sausage
香肠 **xiāng cháng**

This dog likes sausages.

这只狗喜欢吃香肠。
zhè zhī gǒu xǐ huan chī xiāng cháng

saw
钜 **jù**

A saw is for cutting.

钜是用来切割东西的。
jù shì yòng lái qiē gē dōng xi de

to say
说 **shuō**

She wants to say hello.

她想说哈罗。
tā xiǎng shuō hā luó

scarf *See Clothing (page 24).*
丝巾 **sī jīn**

school
学校 **xué xiào**

He can learn in school.

他能在学校学习。
tā néng zài xué xiào xué xí

scissors
剪刀 **jiǎn dāo**

Look what he is cutting with the scissors!

看他用剪刀剪什么！
kàn tā yòng jiǎn dāo jiǎn shén me

to scrub
刷 **shuā**

He wants to scrub the tub.

他要刷浴缸。
tā yào shuā yù gāng

sea
海 **hǎi**

Whales live in the sea.

鲸鱼在海里生活。
jīng yú zài hǎi lǐ shēng huó

seat
椅子 **yǐ zi**

The seat is too high.

椅子太高了。
yǐ zi tài gāo le

secret
秘密 **mì mì**

She is telling him a secret.

她在告诉他一个秘密。
tā zài gào sù tā yī gè mì mì

to see *See People (page 76).*
看 **kàn**

seed
种子 **zhǒng zi**

When you plant
a seed, it grows.

当你种下种子后，种子会成长。
dāng nǐ zhòng xià zhǒng zi hòu
zhǒng zi huì chéng zhǎng

to sell
卖 **mài**

He sells balloons.

他在卖气球。
tā zài mài qì qiú

to send
寄 **jì**

Mom has to send a letter
in the mail.

妈妈要寄信。
mā ma yào jì xìn

September
九月 **jiǔ yuè**

The month after August
is September.

八月后是九月。
bā yuè hòu shì jiǔ yuè

september

seven *See Numbers and Colors (page 68).*
七 **qī**

seventeen *See Numbers and Colors (page 68).*
十七 **shí qī**

seventy *See Numbers and Colors (page 68).*
七十 **qī shí**

shark
鲨鱼 **shā yú**

A shark has many teeth.

鲨鱼有很多牙齿。
shā yú yóu hěn duō yá chǐ

shawl *See Clothing (page 24).*
披肩 **pī jiān**

she
她 **tā**

She is hiding.

她躲起来了。
tā duǒ qǐ lái le

sheep *See Animals (page 10).*
绵羊 **mián yáng**

shirt *See Clothing (page 24).*
衬衫 **chèn shān**

shoes *See Clothing (page 24).*
鞋子 **xié zi**

to shop
逛街 **guàng jiē**

He likes to shop.

他喜欢逛街。
tā xǐ huan guàng jiē

short
矮 **ǎi**

He is too short.

他太矮了。
tā tài ǎi le

to shout
喊 **hǎn**

They have to shout.

他们必须用喊的。
tā men bì xū yòng hǎn de

shovel
铲 **chǎn**

She needs a bigger shovel.

她需要一个更大的铲。
tā xū yào yí gè gèng dà de chǎn

show
表演 **biáo yǎn**

They are in a show.

他们在表演。
tā men zài biáo yǎn

to show
展示 **zhǎn shì**

Open wide to show
your new tooth!

把嘴巴张开以展示
你的新牙齿！
bá zuǐ bā zhāng kāi yǐ zhǎn shì
nǐ de xīn yá chǐ

shy
害羞 **hài xiū**

He is very shy.

他很害羞。
tā hěn hài xiū

sick
生病 **shēng bìng**

The poor rhinoceros
is sick!

可怜的犀牛生病了！
kě lían de xī niú shēng bìng le

side
旁 **páng**

The tree is on the
side of the house.

树木在屋子旁。
shù mù zài wū zi páng

sidewalk
路边 **lù biān**

They are playing
on the sidewalk.

他们在路边玩耍。
tā men zài lù biān wán shuǎ

sign
招牌 **zhāo pái**

This is the
bakery's sign.

这是面包店的招牌。
zhè shì miàn bāo diàn de zhāo pái

silly
傻 **shǎ**

He has a silly smile.

他在傻笑。
tā zài shǎ xiào

to sing
唱歌 **chàng gē**

She loves to sing.

她喜欢唱歌。
tā xǐ huan chàng gē

sister
姐妹 **jiě mèi**

They are sisters.

她们是姐妹。
tā men shì jiě mèi

to sit
坐 **zuò**

They want to sit.

他们要坐下。
tā men yào zuò xià

six *See Numbers and Colors (page 68).*
六 **liù**

sixteen *See Numbers and Colors (page 68).*
十六 **shí liù**

sixty *See Numbers and Colors (page 68).*
六十 **liù shí**

skateboard *See Transportation (page 108).*
滑板 **huá bǎn**

skates *See Transportation (page 108).*
滑轮 **huá lún**

skating (ice) *See Games and Sports (page 44).*
溜冰 **liū bīng**

skiing *See Games and Sports (page 44).*
滑雪 **huá xuě**

skirt *See Clothing (page 24).*
裙 **qún**

sky
天空 **tiān kōng**

The sky is full of stars.

天空有很多星星。
tiān kōng yóu hěn duō xīng xing

to sleep
睡觉 **shuì jiào**

He is ready to sleep.

他要睡觉了。
tā yào shuì jiào le

slow
慢 màn

A rabbit is quick;
a tortoise is slow.

兔子的动作快；
乌龟的动作慢。
tù zi de dòng zuò kuài
wū guī de dòng zuò màn

small
小 xiǎo

An ant is small.

蚂蚁很小。
má yǐ hén xiǎo

to smell *See People (page 76).*
闻 wén

smile
微笑 wēi xiào

What a big smile!

好大的一个微笑！
hǎo dà de yí gè wēi xiào

smoke
烟 yān

Watch out for
the smoke.

小心屋顶的烟。
xiǎo xīn wū dǐng de yān

snail
蜗牛 wō niú

He has a snail on his nose.

他的鼻子上有一只蜗牛。
tā de bí zi shàng yǒu yì zhī wō niú

snake *See Animals (page 10).*
蛇 shé

sneakers *See Clothing (page 24).*
球鞋 qiú xié

to snore
打鼾 dǎ hān

Try not to snore.

别打鼾。
bié dǎ hān

snow
雪 xuě

Snow is white and cold.

雪又白又冷。
xuě yòu bái yòu lěng

snowball
雪球 xuě qiú

He is throwing snowballs.

他在丢雪球。
tā zài diū xuě qiú

so
好 **hǎo**

She is so tall!

她长得好高！
tā zhǎng de hǎo gāo

soap
肥皂 **féi zào**

He is using soap to wash.

他用肥皂洗手。
tā yòng féi zào xǐ shǒu

soccer See Games and Sports (page 44).
足球 **zú qiú**

socks See Clothing (page 24).
袜子 **wà zi**

sofa
沙发 **shā fā**

The zebras are sitting
on the sofa.

斑马坐在沙发上。
bān mǎ zuò zài shā fā shàng

some
有些 **yǒu xiē**

Some of them are pink.

有些蚂蚁是粉红色的。
yǒu xiē mǎ yǐ shì fěn hóng sè de

someday
有一天 **yǒu yì tiān**

I can drive…
someday.

有一天我会懂得驾车。
yǒu yì tiān wǒ huì dǒng de jià chē

someone
有人 **yǒu rén**

Someone is behind the fence.

有人站在篱笆后。
yǒu rén zhàn zài lí ba hòu

something
有东西 **yǒu dōng xi**

Something is under the rug.

地毯下有东西。
dì tǎn xià yǒu dōng xi

song
歌 **gē**

She is singing a song.

她在唱歌。
tā zài chàng gē

soon
快 **kuài**

Soon it is going to be noon.

很快就是中午了。
hěn kuài jiù shì zhōng wǔ le

sorry
抱歉 bào qiàn

She is sorry she dropped it.

她为打翻的食物感到抱歉。
tā wèi dǎ fān de shí wù gǎn
dào bào qiàn

soup
汤 tāng

The soup is hot!

汤很烫！
tāng hěn tàng

south
南方 nán fāng

It is warm in the south.

南方很暖。
nán fāng hén nuǎn

special
特别 tè bié

This is a special car.

这是一辆特别的车。
zhè shì yí liàng tè bié de chē

spider
蜘蛛 zhī zhū

This spider is friendly.

这只蜘蛛很友善。
zhè zhī zhī zhū hén yǒu shàn

spoon
汤匙 tāng chí

A spoon can't run, can it?

汤匙不能跑, 对吗？
tāng chí bù néng pǎo duì ma

spring
春天 chūn tiān

Flowers grow in spring.

花在春天生长。
huā zài chūn tiān shēng zhǎng

square
四方 sì fāng

A square has four sides.

四方型有四面。
sì fāng xíng yǒu sì miàn

squirrel
松鼠 sōng shǔ

There is a squirrel on that hat.

那顶帽子上有一只松鼠。
nà dǐng mào zi shàng yǒu yì
zhī sōng shǔ

stamp
邮票 yóu piào

A stamp goes on a letter.

邮票是贴在信上的。
yóu piào shì tiē zài xìn shàng de

to stand
站立 zhàn lì

She does not
like to stand.

她不喜欢站立。
tā bù xǐ huan zhàn lì

star
星星 xīng xing

That star is winking.

那颗星星在眨眼。
nà kē xīng xing zài zhǎ yǎn

to start
开始 kāi shǐ

They want to start with A.

他们要从 A 开始。
tā men yào cóng A kāi shǐ

to stay
留 liú

He has to stay inside.

他必须留在笼里。
tā bì xū liú zài lóng lǐ

to step
踩 cǎi

Try not to step
in the puddle.

别踩到那滩水。
bié cǎi dào nà tān shuǐ

stick
树枝 shù zhī

The dog wants the stick.

狗要那根树枝。
gǒu yào nà gēn shù zhī

sticky
黏 nián

That candy is sticky.

糖果很黏。
táng guó hěn nián

stomach *See People (page 76).*
肚子 dù zi

to stop
停 tíng

You have to stop
for a red light.

你必须在红灯前停下。
nǐ bì xū zài hóng dēng qián
tíng xià

store
店 diàn

She buys books
at the store.

她在店里买书。
tā zài diàn lǐ mǎi shū

storm
暴风雨 **bào fēng yǔ**

She does not like the storm.

她不喜欢暴风雨。
tā bù xǐ huan bào fēng yǔ

story
故事 **gù shì**

We all know this story.

我们都知道这个故事。
wǒ men dōu zhī dào zhè ge gù shì

strange
奇怪 **qí guài**

This is a strange animal.

这是只奇怪的动物。
zhè shì zhī qí guài de dòng wù

strawberry
草莓 **cǎo méi**

This strawberry is big.

这个草莓很大。
zhè ge cǎo méi hěn dà

street
街 **jiē**

There is an elephant
in the street.

街上有一只大象。
jiē shàng yǒu yì zhī dà xiàng

student
学生 **xué sheng**

The students are all fish.

学生都是鱼。
xué sheng dōu shì yú

subway *See Transportation (page 108).*
地铁 **dì tiě**

suddenly
突然 **tū rán**

Suddenly, it is raining.

突然下雨了。
tū rán xià yǔ le

suit
西装 **xī zhuāng**

Something is spilling
on his suit.

有东西正要撒在他的西装上。
yǒu dōng xi zhèng yào sǎ zài tā de
xī zhuāng shàng

suitcase
行李箱 **xíng lǐ xiāng**

What is in that suitcase?

行李箱里有什么?
xíng lǐ xiāng lǐ yǒu shén me

S

summer
夏天 **xià tiān**

It is hot in summer.

夏天很热。
xià tiān hěn rè

sun
太阳 **tài yáng**

The sun is hot.

太阳很晒。
tài yáng hěn shài

Sunday
星期天 **xīng qī tiān**

On Sunday, we eat dinner with Grandma.

我们在星期天陪婆婆吃饭。
wǒ men zài xīng qī tiān péi pó po chī fàn

sunflower
向日葵 **xiàng rì kuí**

The sunflower is big and yellow.

向日葵又大又黄。
xiàng rì kuí yòu dà yòu huáng

sunny
晴 **qíng**

She loves sunny days.

她喜欢晴天。
tā xǐ huan qíng tiān

sure
肯定 **kěn dìng**

I am sure the door is not going to open.

我很肯定门不会开。
wǒ hén kěn dìng mén bú huì kāi

surprised
意外 **yì wài**

She is surprised.

她觉得很意外。
tā jué de hěn yì wài

sweater *See Clothing (page 24).*
外套 **wài tào**

to swim
游泳 **yóu yǒng**

The fish likes to swim.

鱼喜欢游泳。
yú xǐ huan yóu yǒng

swimming *See Games and Sports (page 44).*
游泳 **yóu yǒng**

table
桌子 zhuō zi

There is a chicken on the table.

桌子上有一只鸡。
zhuō zi shàng yǒu yì zhī jī

tail
尾巴 wěi ba

He has a long tail.

他有一条长尾巴。
tā yǒu yì tiáo cháng wěi ba

to take
拿 ná

He is going to take the suitcase with him.

他要把行李箱拿走。
tā yào bǎ xíng lǐ xiāng ná zǒu

to talk
聊天 liáo tiān

They like to talk on the phone.

他们喜欢在电话中聊天。
tā men xǐ huan zài diàn huà
zhōng liáo tiān

tall
高 gāo

The red one is very tall.

红色的那个很高。
hóng sè de nà ge hěn gāo

tambourine
铃鼓 líng gǔ

Shake that tambourine!

摇动铃鼓!
yáo dòng líng gǔ

tan *See Numbers and Colors (page 68).*
黄褐色 huáng hè sè

to taste *See People (page 76).*
品尝 pǐn cháng

taxi *See Transportation (page 108).*
德士 dé shì

teacher
老师 lǎo shī

Our teacher helps us to learn.

老师帮助我们学习。
lǎo shī bāng zhù wǒ men xué xí

tear
泪珠 lèi zhū

There is a tear on her cheek.

她的脸颊有颗泪珠。
tā de liǎn jiá yǒu kē lèi zhū

telephone
电话 diàn huà

People can call you
on the telephone.

别人可以打电话给你。
bié rén kě yǐ dǎ diàn huà gěi nǐ

television
电视 diàn shì

My goldfish likes to
watch television.

我的金鱼喜欢看电视。
wǒ de jīn yú xǐ huan kàn diàn shì

to tell
说 shuō

Mom wants to tell a story.

妈妈要说一个故事。
mā ma yào shuō yí gè gù shì

ten *See Numbers and Colors (page 68).*
十 shí

tennis *See Games and Sports (page 44).*
网球 wǎng qiú

tent
帐篷 zhàng péng

What is inside the tent?

帐篷里有什么？
zhàng péng lǐ yǒu shén me

termite *See Insects (page 52).*
白蚁 bái yǐ

terrible
糟糕 zāo gāo

What a terrible mess!

真糟糕！
zhēn zāo gāo

to thank
谢谢 xiè xie

He wants to thank
the firefighter.

他要谢谢那位消防员。
tā yào xiè xie nà wèi xiāo
fáng yuán

that
那 nà

What is that?

那是什么？
nà shì shén me

their
他们的 tā men de

They are pointing to their suitcases.

他们指向他们的行李。
tā men zhǐ xiàng tā men de xíng lǐ

these
这些 zhè xiē

No one wants these eggs.

这些鸡蛋没有人要。
zhè xiē jī dàn méi yǒu rén yào

them
他们 tā men

The shoes belong to them.

这是他们的鞋子。
zhè shì tā men de xié zi

they
他们 tā men

See the mice?
They are dancing.

看到这些老鼠吗?
他们在跳舞。
kàn dào zhè xiē láo shǔ ma?
tā men zài tiào wǔ

then
然后 rán hòu

Get into bed.
Then sleep.

现上床,然后睡觉。
xiàn shàng chuáng rán hòu shuì jiào

thin
瘦 shòu

One clown is thin.

其中一位小丑是瘦的。
qí zhōng yí wèi xiáo chǒu shì shòu de

thing
东西 dōng xi

What is this thing?

这是什么东西?
zhè shì shén me dōng xi

there
那里 nà lǐ

She's over there.

她在那里。
tā zài nà lǐ

to think
想 **xiǎng**

We use our brain to think.

我们用头脑想东西。
wǒ men yòng tóu nǎo xiǎng dōng xi

(to be) thirsty
口渴 **kóu kě**

He is thirsty.

他口渴了。
tā kóu kě le

thirteen *See Numbers and Colors (page 68).*
十三 **shí sān**

thirty *See Numbers and Colors (page 68).*
三十 **sān shí**

this
这 **zhè**

This baby is sad.

这个宝宝很伤心。
zhè ge bǎo bao hěn shāng xīn

those
那些 **nà xiē**

Those babies are happy.

那些宝宝很开心。
nà xiē bǎo bao hěn kāi xīn

thousand *See Numbers and Colors (page 68).*
一千 **yì qiān**

three *See Numbers and Colors (page 68).*
三 **sān**

through
从 **cóng**

The ball is coming through the window.

球从窗口进来。
qiú cóng chuāng kǒu jìn lái

to throw
丢 **diū**

We like to throw the ball.

我们喜欢丢球。
wǒ men xǐ huan diū qiú

thumb *See People (page 76).*
拇指 **mú zhǐ**

thunder
雷声 **léi shēng**

Thunder is loud.

雷声很响。
léi shēng hén xiǎng

Thursday
星期四 **xīng qī sì**

On Thursday, we wash clothes.

我们在星期四洗衣。
wǒ men zài xīng qī sì xǐ yī

tie *See Clothing (page 24).*
领带 **lǐng dài**

to tie
绑 **bǎng**

Is he going to tie his shoelaces?

他要绑鞋带吗？
tā yào bǎng xié dài ma

tiger
老虎 **láo hǔ**

This is a tiger.

这是一只老虎。
zhè shì yì zhī láo hǔ

time
时间 **shí jiān**

It is time to wash the dishes.

现在是洗碟子的时间。
xiàn zài shì xǐ dié zi de shí jiān

tire
轮胎 **lún tāi**

The tire is flat.

轮胎泄气了。
lún tāi xiè qì le

tired
累 **lèi**

She is tired.

她累了。
tā lèi le

to
去 **qù**

He is going to school.

他正要去学校。
tā zhèng yào qù xué xiào

today
今天 **jīn tiān**

Today is her birthday.

今天是她的生日。
jīn tiān shì tā de shēng rì

toe *See People (page 76).*
脚趾 **jiáo zhǐ**

together
一起 **yì qǐ**

They are sitting together.

他们坐在一起。
tā men zuò zài yì qǐ

tomato
番茄 **fān qié**

Mmm! It is a big,
juicy tomato.

这是一颗又大又多汁的番茄。
zhè shì yì kē yòu dà yòu duō zhī de
fān qié

tomorrow
明天 **míng tiān**

Tomorrow is another day.

明天是另一天。
míng tiān shì lìng yì tiān

tonight
今晚 **jīn wǎn**

He is sleepy tonight.

他今晚很困。
tā jīn wán hěn kùn

too
也 **yě**

The baby is singing, too.

宝宝也在唱歌。
bǎo bao yě zài chàng gē

tooth *See People (page 76).*
牙齿 **yá chǐ**

toothbrush
牙刷 **yá shuā**

My toothbrush is red.

我的牙刷是红色的。
wǒ de yá shuā shì hóng sè de

top
上面 **shàng miàn**

The bird is on top.

鸟站在猪的上面。
niǎo zhàn zài zhū de shàng miàn

to touch *See People (page 76).*
摸 **mō**

towel
毛巾 **máo jīn**

He needs a towel.

他需要一条毛巾。
tā xū yào yì tiáo máo jīn

town
城镇 chéng zhèn

The ant lives in a town.

蚂蚁住在一个城镇里。
má yǐ zhù zài yí gè chéng zhèn lǐ

toy
玩具 wán jù

He has all kinds
of toys.

他有很多种玩具。
tā yóu hěn duō zhǒng wán jù

track
踪迹 zōng jì

That is a rabbit track.

那是兔子的踪迹。
nà shì tù zi de zōng jì

train *See Transportation (page 108).*
火车 huǒ chē

treat
奖励 jiǎng lì

A bone is a treat.

骨头对狗来说是奖励。
gǔ tou duì gǒu lái shuō shì jiǎng lì

tree
树 shù

There is a cow in that tree.

树上有一只牛。
shù shàng yǒu yì zhī niú

triangle
三角型 sān jiǎo xíng

A triangle has
three sides.

三角型有三面。
sān jiǎo xíng yǒu sān miàn

(to do) tricks
魔术 mó shù

Her job is to do tricks.

她的工作是变魔术。
tā de gōng zuò shì biàn mó shù

trip
旅行 lǚ xíng

She is going on a trip.

她要去旅行。
tā yào qù lǚ xíng

to trip
跌倒 diē dǎo

It is not fun to trip.

跌倒一点都不好。
dié dǎo yì diǎn dōu bù hǎo

Transportation

交通

jiāo tōng

airplane
飞机
fēi jī

train
火车
huǒ chē

van
货车
huò chē

skateboard
滑板
huá bǎn

bicycle
脚踏车
jiǎo tà chē

skates
滑轮
huá lún

108

helicopter
直升机
zhí shēng jī

sailboat
帆船
fān chuán

car
汽车
qì chē

truck
货车
huò chē

boat
船
chuán

subway
地铁
dì tiě

horse
马
mǎ

taxi
德士
dé shì

bus
巴士
bā shì

109

truck *See Transportation (page 108).*
货车 **huò chē**

trumpet
喇叭 **lǎ ba**

This is a trumpet.

这是一个喇叭。
zhè shì yí gè lǎ ba

to try
尝试 **cháng shì**

He tries to climb.

他尝试爬山。
tā cháng shì pá shān

Tuesday
星期二 **xīng qī èr**

On Tuesday we wash the floors.

我们在星期二洗地。
wǒ men zài xīng qī èr xǐ dì

tulip
郁金香 **yù jīn xiāng**

There is a tulip on his head.

他的头上有一朵郁金香。
tā de tóu shàng yǒu yì duǒ yù jīn xiāng

to turn
转 **zhuǎn**

You have to turn it.

你需要转水龙头。
nǐ xū yào zhuǎn shuǐ lóng tóu

turtle
海龟 **hǎi guī**

That is a fast turtle!

跑得好快的海龟！
pǎo de hǎo kuài de hǎi guī

twelve *See Numbers and Colors (page 68).*
十二 **shí èr**

twenty *See Numbers and Colors (page 68).*
二十 **èr shí**

twins
双胞胎 **shuāng bāo tāi**

They are twins.

他们是双胞胎。
tā men shì shuāng bāo tāi

two *See Numbers and Colors (page 68).*
二 **èr**

ugly
丑 chǒu

Do you think the toad is ugly?

你觉得青蛙丑吗？
nǐ jué de qīng wā chǒu ma

umbrella
雨伞 yú sǎn

She has a yellow umbrella.

她有一把黄色的雨伞。
tā yǒu yì bǎ huáng sè de yú sǎn

uncle
叔叔/伯伯 shū shu/bó bo

My uncle is my dad's brother.

我的叔叔/伯伯是我的爸爸
的哥哥/弟弟。
wǒ de shū shu / bó bo shì wǒ de
bà ba de gē ge / dì di

under
底下 dǐ xià

There is something
under the bed.

床底下有东西。
chuáng dǐ xià yǒu dōng xi

until
为止 wéi zhǐ

He eats until he is full.

他吃到饱了为止。
tā chī dào bǎo le wéi zhǐ

up
上面 shàng miàn

It's scary up here!

上面很吓人！
shàng miàn hěn xià rén

upon
上 shàng

The box is upon the box,
upon the box.

一个箱子叠在另一个箱子上。
yí gè xiāng zi dié zài lìng yí gè
xiāng zi shàng

upside-down
倒立 dào lì

He is upside-down.

他在倒立。
tā zài dào lì

us
我们 wǒ men

Come with us!

跟我们一起飞吧！
gēn wǒ men yì qǐ fēi ba

to use
用 yòng

He needs to use a comb.

他需要用到梳子。
tā xū yào yòng dào shū zi

U

V

vacation
放假 **fàng jià**

They are on vacation.

他们在放假。
tā men zài fàng jià

vacuum cleaner
吸尘机 **xī chén jī**

And here is the vacuum cleaner!

吸尘机在这里!
xī chén jī zài zhè lǐ

van *See Transportation (page 108).*
货车 **huò chē**

vegetable
蔬菜 **shū cài**

He likes vegetables.

他喜欢吃蔬菜。
tā xǐ huan chī shū cài

very
很 **hěn**

It is very cold in there.

那里很冰冷。
nà lí hěn bīng lěng

vest *See Clothing (page 24).*
背心 **bèi xīn**

veterinarian
兽医 **shòu yī**

A veterinarian
helps animals.

兽医能帮助动物。
shòu yī néng bāng zhù dòng wù

village
村子 **cūn zi**

What a pretty village!

好漂亮的村子!
hǎo piào liang de cūn zi

violin
小提琴 **xiǎo tí qín**

He is playing the violin.

他在拉小提琴。
tā zài lā xiǎo tí qín

to visit
探望 **tàn wàng**

He is going to
visit Grandma.

他要去探望婆婆。
tā yào qù tàn wàng pó po

volcano
火山 **huǒ shān**

Don't go near the volcano!

别靠近火山!
bié kào jìn huǒ shān

to wait
等 děng

He is waiting for a bus.

他在等巴士。
tā zài děng bā shì

to wake up
起床 qǐ chuáng

He is about to wake up.

他快要起床了。
tā kuài yào qǐ chuáng le

to walk
走路 zǒu lù

It is good to walk.

走路有益身心。
zǒu lù yǒu yì shēn xīn

wall
墙 qiáng

John is building a wall.

约翰在造一道墙。
yuē hàn zài zào yí dào qiáng

warm
温暖 wēn nuǎn

It is warm by the fire.

火堆旁很温暖。
huǒ duī páng hěn wēn nuǎn

to wash
清洗 qīng xǐ

It takes a long time to wash some things.

有些东西需要
更多时间清洗。
yǒu xiē dōng xi xū yào
gèng duō shí jiān qīng xǐ

wasp *See Insects (page 52).*
黄蜂 huáng fēng

watch
手表 shóu biǎo

Robert is wearing his new watch.

罗拔戴他的新手表。
luó bá dài tā de xīn shóu biǎo

to watch
观察 guān chá

Peter likes to watch ants.

彼得喜欢观察蚂蚁。
bǐ dé xǐ huan guān chá má yǐ

water
水 shuǐ

The pool is full of water.

池里装满了水。
chí lǐ zhuāng mǎn le shuǐ

we
我们 wǒ men

See us? We are all purple.

看到我们吗？
我们都是紫色的。
kàn dào wǒ men ma
wǒ men dōu shì zǐ sè de

weather
天气 tiān qì

What is the weather
like today?

今天的天气如何？
jīn tiān de tiān qì rú hé

Wednesday
星期三 xīng qī sān

On Wednesday,
we go to work.

我们在星期三去工作。
wǒ men zài xīng qī sān qù gōng zuò

week
星期 xīng qī

Seven days make a week.

七天等于一个星期。
qī tiān děng yú yí gè xīng qī

welcome
欢迎 huān yíng

We are always welcome
at Grandma's house.

婆婆永远都欢迎我们
到她的家。
pó po yǒng yuǎn dōu huān
yíng wǒ men dào tā de jiā

well
很好 hén hǎo

Thomas builds very well.

汤姆斯造墙造得很好。
tāng mǔ sī zào qiáng
zào de hén hǎo

well
舒服 shū fu

She is not well.

她觉得不舒服。
tā jué de bù shū fu

west
西边 xī biān

The sun goes down
in the west.

太阳从西边下山。
tài yáng cóng xī biān xià shān

wet
湿透 shī tòu

William is wet.

威廉湿透了。
wēi lián shī tòu le

what
什么 shén me

What is outside the window?

窗外有什么？
chuāng wài yǒu shén me

wheel
轮子 lún zi

The bicycle needs
a new wheel.

脚踏车需要新的轮子。
jiǎo tà chē xū yào xīn de lún zi

when
当 dāng

When you sleep,
you close your eyes.

当你睡觉时，你会闭上眼睛。
dāng nǐ shuì jiào shí nǐ huì bì
shàng yǎn jīng

where
地方 dì fang

This is where he
keeps his dinner.

这就是他收藏晚餐的地方。
zhè jiù shì tā shōu cáng wǎn
cān de dì fang

which
哪一个 nǎ yí gè

Which one do you want?

你要哪一个？
nǐ yào nǎ yí gè

while
而 ér

I run while he sleeps.

我在跑步而他在睡觉。
wǒ zài pǎo bù ér tā zài shuì jiào

whiskers
须 xū

This animal has long whiskers.

这只动物有长的须。
zhè zhī dòng wù yǒu cháng de xū

to whisper
小声地说话 xiǎo shēng de shuō huà

This animal needs to whisper.

这只动物需要小声地说话。
zhè zhī dòng wù xū yào xiǎo
shēng de shuō huà

whistle
口哨 kǒu shào

They can hear the whistle.

他们可以听见口哨声。
tā men kě yǐ tīng jiàn
kǒu shào shēng

white *See Numbers and Colors (page 68).*
白色 bái sè

who
谁 shéi

Who are you?

你是谁？
nǐ shì shéi

whole
整个 zhěng gè

Can she eat the whole thing?

她吃得下整个东西吗？
tā chī de xià zhěng gè dōng xi ma

why
为什么 wéi shén me

Why is the baby crying?

宝宝为什么在哭？
bǎo bao wéi shén me zài kū

wife
太太 tài tai

She is his wife.

她是他的太太。
tā shì tā de tài tai

wind
风 fēng

The wind is blowing.

现在正刮着风。
xiàn zài zhèng guā zhe fēng

window
窗 chuāng

I can see through the window.

我可以看到窗外的东西。
wǒ ké yǐ kàn dào chuāng wài de dōng xi

to wink
眨眼 zhá yǎn

It is fun to wink.

眨眼很好玩。
zhá yǎn hén hǎo wán

winter
冬天 dōng tiān

He skis in the winter.

他在冬天滑雪。
tā zài dōng tiān huá xuě

wish
心愿 xīn yuàn

The girl has a wish.

女孩有个心愿。
nǚ hái yǒu gè xīn yuàn

with
和 hé

The cat is dancing
with the dog.

猫和狗一起跳舞。
māo hé gǒu yì qǐ tiào wǔ

without
没有 méi yǒu

He is going without his sister.

他没有和姐姐一起去。
tā méi yǒu hé jiě jie yì qǐ qù

woman
女人 nǚ rén

This woman looks like my grandmother.

这个女人很像我的婆婆。
zhè ge nǚ rén hěn xiàng wǒ de pó po

wonderful
棒 bàng

They are wonderful dancers.

他们是很棒的舞蹈员。
tā men shì hěn bàng de wú dǎo yuán

woods
丛林 cóng lín

Someone is walking in the woods.

有人在丛林里行走。
yǒu rén zài cóng lín lǐ xíng zǒu

word
话 huà

Do not say a word.

别说话。
bié shuō huà

work
工作 gōng zuò

That is hard work.

那真是难做的工作。
nà zhēn shì nán zuò de gōng zuò

to work
努力 nǚ lì

She has to work hard today.

她今天得努力工作。
tā jīn tiān děi nǚ lì gōng zuò

world
世界 shì jiè

The world is beautiful.

世界很美。
shì jiè hén měi

worried
担心 dān xīn

He looks worried.

他看起来很担心。
tā kàn qǐ lái hěn dān xīn

to write
写 xiě

Katherine is trying to write with the pencil.

凯特琳想要用铅笔写字。
kǎi tè lín xiǎng yào yòng qiān bǐ xiě zì

wrong
错 cuò

They are putting on the wrong hats.

他们戴错帽子了。
tā men dài cuò mào zi le

X

X-ray
X 光 **x guāng**

The X-ray shows his bones.

X 光显示他的骨头。
X guāng xiǎn shì tā de gǔ tou

xylophone
木琴 **mù qín**

He is a great xylophone player.

他弹得一手好木琴。
tā tán de yì shóu hǎo mù qín

Y

yard
后院 **hòu yuàn**

There is a dinosaur
in our yard.

我们的后院有一只恐龙。
wǒ men de hòu yuàn yǒu yì
zhī kǒng lóng

yawn
打哈欠 **dǎ hā qiàn**

What a big yawn!

好大的一个哈欠！
hǎo dà de yí gè hā qiàn

year
年 **nián**

He runs all year.

他一整年都在跑步。
tā yì zhěng nián dōu zài pǎo bù

yellow *See Numbers and Colors (page 68).*
黄色 **huáng sè**

yes
是 **shì**

Is he yellow? Yes! He is.

他是黄色的吗？
是！他是黄色的。
tā shì huáng sè de ma shì tā shì huáng sè de

yesterday
昨天 **zuó tiān**

Yesterday is the day before today.

昨天是今天之前的一天。
zuó tiān shì jīn tiān zhī qián de yì tiān

you
你 **nǐ**

You are reading this book.

你在看这本书。
nǐ zài kàn zhè běn shū

your
你的 **nǐ de**

What color are your eyes?

你的眼睛是什么颜色的？
nǐ de yǎn jīng shì shén me yán sè de

zebra
斑马 bān mǎ

You cannot have a pet zebra!

你不能拥有斑马为宠物！

nǐ bù néng yōng yǒu bān mǎ
wéi chǒng wù

zipper
拉链 lā liàn

The zipper is stuck.

拉链卡住了。

lā liàn qiǎ zhù le

zero *See Numbers and Colors (page 68).*
零 líng

zoo
动物园 dòng wù yuán

I can see many animals
at the zoo.

我可以在动物园看到
很多动物。

wǒ ké yǐ zài dòng wù yuán
kàn dào hěn duō dòng wù

zigzag
Z 线条 z xiàn tiáo

The house has
zigzags on it.

屋子的墙上有Z线条。

wū zi de qiáng shàng yǒu
Z xiàn tiáo

to zoom
急速上升 jí sù shàng shēng

A rocket seems to
zoom into space.

火箭急速上升进
入天空。

huǒ jiàn jí sù shàng
shēng jìn rù
tiān kōng

to zip
拉拉链 lā lā liàn

The bee wants to zip her jacket.

蜜蜂要拉她的外套的拉链。

mì fēng yào lā tā de wài tào de lā liàn

A Family Dinner
家庭聚餐
jiā tíng jù cān

**Dinner is ready!
It's time to eat!**
晚餐好了！开饭！
wǎn cān hǎo le! kāi fàn!

Here is your napkin.
这是你的餐巾。
zhè shì nǐ de cān jīn

**The chicken and vegetables
look delicious.**
鸡和菜看起来很好吃。
jī hé cài kàn qǐ lái hén hǎo chī

Mmmm! They _are_ delicious!
真好吃！
zhēn hǎo chī

**Please, can you pass
the salt and pepper?**
请你把盐和胡椒粉
递过来，好吗？
qǐng nǐ bǎ yán hé hú jiāo fěn
dì guò lái, hǎo ma?

Dinner is great.
Thanks, Mom.
晚餐很好吃。
谢谢，妈妈。
wǎn cān hén hǎo chī. xiè xie, mā ma

You're welcome, dear.
别客气，宝贝。
bié kè qì, bǎo bèi

Do you want
more milk?
你还要牛奶吗？
nǐ hái yào niú nǎi ma

No, thank you.
不了，谢谢。
bù le, xiè xie

May I please be excused?
对不起，失陪一下。
duì bù qǐ, shī péi yí xià

In a few minutes!
But please help us clear
the table first.
等一下！
请先帮忙收拾桌子。
děng yí xià! qǐng xiān bāng máng
shōu shi zhuō zi

Of course.
当然可以。
dāng rán ké yǐ

121

Meeting and Greeting
见面与问候
jiàn miàn yǔ wèn hòu

Hello!
哈罗！
hā luó

Hi!
嗨！
hāi

How are you?
你好吗？
nǐ hǎo ma

I am fine, thank you.
我很好，谢谢。
wǒ hén hǎo, xiè xie

What is your name?
你叫什么名？
nǐ jiào shén me míng

**My name is Maria.
What is your name?**
我的名字是玛莉雅，你呢？
wǒ de míng zì shì mǎ lì yǎ, nǐ ne

My name is Susan.
我的名字是素珊。
wǒ de míng zì shì sù shān

What a beautiful day!
今天的天气真好！
jīn tiān de tiān qì zhēn hǎo

Do you live near the park?
你住靠近公园吗？
nǐ zhù kào jìn gōng yuán ma

Yes, I live across the street.
是，我住在那条街对面。
shì, wǒ zhù zài nà tiáo jiē duì miàn

Where do you live?
你住在哪里？
nǐ zhù zài ná lǐ

I live on Main Street.
我住在大街上。
wǒ zhù zài dà jiē shàng

Do you know what time it is?
你知道现在几点吗？
nǐ zhī dào xiàn zài jí diǎn ma

It is three o'clock.
现在是三点钟。
xiàn zài shì sān diǎn zhōng

Oh, I have to go now.
哦，我得走了。
ò, wó déi zǒu le

It was nice to meet you.
很高兴认识你。
hěn gāo xìng rèn shì nǐ

Good-bye!
再见！
zài jiàn

See you soon.
希望能很快再见到你。
xī wàng néng hěn kuài zài jiàn dào nǐ

Word List

A

a/an, 7
across, 7
add, 7
adventure, 7
aeroplane, 108
afraid, 7
after, 7
again, 7
agree, 7
air, 7
airport, 8
all, 8
alligator, 10
almost, 8
along, 8
already, 8
and, 8
answer, 8
ant, 53
apple, 9
April, 9
arm, 76
armadillo, 9
around, 9
art, 9
as, 9
ask, 12
at, 12
attic, 86
August, 12
aunt, 12
autumn, 12
awake, 12
away, 12

B

baby, 13
back, 13
backyard, 13
bad, 13
bag, 13
bakery, 13
ball, 13
balloon, 13

banana, 13
band, 13
bandage, 14
bank, 14
bark, 14
baseball, 44
basement, 87
basket, 14
basketball, 44
bat, 14
bat, 14
bath, 14
bathroom, 86
be, 14
beach, 15
beans, 15
bear, 10
beautiful, 15
because, 15
bed, 15
bedroom, 86
bee, 53
beetle, 52
before, 15
begin, 15
behind, 16
believe, 16
bell, 16
belt, 24
berry, 16
best, 16
better, 16
between, 16
bicycle, 108
big, 16
bird, 17
birthday, 17
biscuit, 17
black, 69
blank, 17
blanket, 17
blouse, 25
blow, 17
blue, 69
boat, 109
book, 17
bookshop, 17
boots, 25
bottle, 18

bowl, 18
bowling, 44
box, 18
boy, 18
branch, 18
brave, 18
bread, 18
break, 18
breakfast, 18
bridge, 19
bring, 19
broom, 19
brother, 19
brown, 69
brush, 19
bubble, 19
bug, 19
build, 19
bus, 109
bush, 20
busy, 20
but, 20
butter, 20
butterfly, 52
button, 20
buy, 20
by, 20

C

cage, 21
cake, 21
call, 21
camel, 21
camera, 21
can, 21
candle, 21
cap, 24
car, 109
card, 22
cardigan, 25
care, 22
carpenter, 22
carrot, 22
carry, 22
castanet, 22
castle, 22

cat, 22
caterpillar, 53
catch, 23
cave, 23
celebrate, 23
chair, 23
chalk, 23
change, 23
cheer, 23
cheese, 23
cherry, 26
child, 26
chocolate, 26
circle, 26
circus, 26
city, 26
clap, 26
class, 26
classroom, 27
clean, 27
climb, 27
clock, 27
close, 27
cloud, 27
clown, 28
coat, 25
cock, 11
cold, 28
comb, 28
come, 28
computer, 28
cook, 28
count, 28
country, 29
cow, 11
crayon, 29
cricket, 53
crowded, 29
cry, 29
cup, 29
cupboard, 87
cut, 29
cute, 29
cycling, 45